SHIN NIHONGO NORYOKU SHIKEN N1/N2/N3 SHIN KEIKO KAISETSU TO KANZEN YOSO MOSHI
by The Japan Times
Copyright ⓒ The Japan Times, 2010
All rights reserved.
Original Japanese edition published by The Japan Times Ltd.

This Korean edition is published by arrangement with The Japan Times Ltd., Tokyo
in care of Tuttle-Mori Agency, Inc., Tokyo through BC Agency, Seoul.

이 책의 한국어 판 저작권은 BC 에이전시를 통한
저작권자와의 독점 계약으로 동양문고에 있습니다. 저작권법에 의해
한국 내에서 보호를 받는 저작물이므로 무단전재와 복제를 금합니다.

THE JAPAN TIMES
新 일본어 능력시험 실전 모의고사 N3

초판 1쇄 | 2010년 9월 10일
초판 2쇄 | 2011년 8월 20일

지은이 | 마츠모토 세츠코 · 이시즈카 쿄코 · 우에다 아키코 외
발행인 | 김태웅
편집 | 김해영
디자인 | 안성민
마케팅 | 조도현, 정상석, 서재욱,
        장영임, 김귀찬, 김철영
제작 | 현대순

발행처 | 동양북스
등록 | 제 10-806호(1993년 4월 3일)
주소 | 서울시 마포구 서교동 463-16호 (121-841)
전화 | (02)337-1737
팩스 | (02)334-6624
웹사이트 | http://www.dongyangbooks.com
         http://www.dongyangTV.com

ISBN 978-89-8300-695-0 14730
     978-89-8300-694-3 14730(세트)

▶ 본 책은 저작권법에 의해 보호를 받는 저작물이므로 무단 전재와 복제를 금합니다.

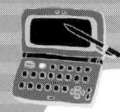
차례

새로운 일본어능력시험에 대해서	4
新일본어능력시험 문제 분석과 학습법	9
연습문제 정답	31
연습문제 번역	32
2010년 7월 기출어휘 및 문형 분석	34

新일본어능력시험 모의테스트

언어지식(문자·어휘)	41
언어지식(문법)·독해	47
청해	65
언어지식(문자·어휘) 답안용지	75
언어지식(문법)·독해 답안용지	76
청해 답안용지	77
모의테스트 정답	78
모의테스트 번역	79
모의테스트 청해 스크립트 및 번역	88

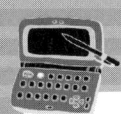 새로운 일본어능력시험에 대해서

일본어능력시험은 일본어를 모국어로 하지 않는 사람의 일본어능력을 측정하고 인정하는 시험으로서 국제교류기금과 일본국제교육지원협회가 1984년부터 실시하고 있습니다. 2008년에는 전 세계에서 약 56만 명이 응시했습니다.

요즘 일본어능력시험 수험자들의 응시 목적이 실력측정과 함께 취업, 승진 등으로 변화하는 추세에 따라, 국제교류기금과 일본국제교육지원협회에서는 그동안의 일본어교육학이나 테스트이론의 연구 성과와 지금까지 축적된 시험결과의 데이터 등을 이용해 2010년부터 새로이 개정된 일본어능력시험을 실시하기로 했습니다.

＊ 개정 포인트

1. 레벨이 4단계에서 5단계로 늘어납니다.

레벨을 예전 시험의 4단계(1급, 2급, 3급, 4급)에서 5단계(N1, N2, N3, N4, N5)로 늘립니다. 바뀌는 시험의 레벨과 예전 시험의 급의 대응은 아래와 같습니다.

N1	예전 시험의 1급보다 약간 높은 수준입니다. 합격선은 예전 시험과 거의 같습니다. 폭넓은 장면에서 사용되는 일본어를 거의 이해할 수 있어야 합니다.
N2	예전 시험의 2급과 거의 같은 수준입니다. 일상적인 장면에서 사용되는 일본어의 이해를 넘어서 더 폭넓은 장면에서 사용되는 일본어를 어느 정도 이해할 수 있어야 합니다.
N3	예전 시험의 2급과 3급의 사이의 수준입니다. 일상적인 장면에서 사용되는 일본어를 어느 정도 이해할 수 있어야 합니다.(신설)
N4	예전 시험의 3급과 거의 같은 수준입니다. 기본적인 일본어를 거의 이해할 수 있어야 합니다.
N5	예전 시험의 4급과 거의 같은 수준입니다. 기본적인 일본어를 어느 정도 이해할 수 있어야 합니다.

＊「N」은「Nihongo(일본어)」,「New(새롭다)」를 나타냅니다.

2. 합격점 이상만 받으면 합격이었던 기존의 방식과 달리 시험 난이도에 따라 합격점 기준이 변하는 상대평가 방식으로 바뀝니다.

3. 청해의 비중이 기존 25%에서 33.3%로 높아집니다.

4. 과목별 낙제점이 신설되어, 각 과목의 득점 구분에서 기준점 이상을 받아야 합격입니다.

* 시험과목과 시험시간

각 레벨의 시험과목과 시험시간은 아래와 같습니다.

레벨	시험과목(시험시간)		
N1	언어지식(문자, 어휘, 문법), 독해 (110분)		청해 (60분)
N2	언어지식(문자, 어휘, 문법), 독해 (105분)		청해 (50분)
N3	언어지식(문자, 어휘) (30분)	언어지식(문법), 독해 (70분)	청해 (40분)
N4	언어지식(문자, 어휘) (30분)	언어지식(문법), 독해 (60분)	청해 (35분)
N5	언어지식(문자, 어휘) (25분)	언어지식(문법), 독해 (50분)	청해 (30분)

* 시험시간은 변경되는 경우가 있습니다. 또 청해는 시험문제 녹음의 길이에 따라 시험시간이 다소 바뀝니다.

N1과 N2의 시험과목은 ①언어지식(문자, 어휘, 문법), 독해, ②청해의 두 과목입니다. N3, N4, N5의 시험과목은 ①언어지식(문자, 어휘), ②언어지식(문법), 독해, ③청해의 세 과목입니다.

∗ 시험결과

(1) 시험결과의 표시

각 레벨의 득점 구분과 득점의 범위는 아래와 같습니다.

레벨	득점구분	득점범위
N1	언어지식(문자, 어휘, 문법)	0~60
	독해	0~60
	청해	0~60
	종합득점	0~180
N2	언어지식(문자, 어휘, 문법)	0~60
	독해	0~60
	청해	0~60
	종합득점	0~180
N3	언어지식(문자, 어휘, 문법)	0~60
	독해	0~60
	청해	0~60
	종합득점	0~180
N4	언어지식(문자, 어휘, 문법), 독해	0~120
	청해	0~60
	종합득점	0~180
N5	언어지식(문자, 어휘, 문법), 독해	0~120
	청해	0~60
	종합득점	0~180

N1, N2, N3의 득점 구분은 ①언어지식(문자, 어휘, 문법), ②독해, ③청해의 3구분입니다.
N4, N5의 득점 구분은 ①언어지식(문자, 어휘, 문법), 독해, ②청해의 2구분입니다.

＊ 자주 하는 질문

Q1 시험은 1년에 몇 번 실시됩니까?
A1 「N4, N5」는 12월에만, 「N1, N2, N3」는 7월과 12월 두 번입니다. 다만, 해외에서는 7월 시험을 실시하지 않는 나라나 지역이 있습니다. 자세한 것은 국제교류기금의 웹사이트(www.jlpt.jp)에 게재합니다.

Q2 시험일은 정해져 있습니까?
A2 7월과 12월의 첫째주 일요일에 실시합니다.

Q3 향후, 시험 정보는 어디서 알 수 있습니까?
A3 일본어능력시험 웹사이트에서 수시로 갱신하기 때문에 www.jlpt.or.kr에 게재되는 내용을 참조해 주세요.

＊ 일본어능력시험 관할 지역

서울권(경기 · 대전 · 강원 · 충청 · 호남) : 일본어능력시험 서울 실시위원회
(02-723-8487)

부산권(영남 · 대구 · 울산) : (사) 부산 한일문화교류협회
(051-465-7323)

제주권 : 제주도 한일친선협회(064-757-2164~6)

新 일본어능력시험
문제 분석과 학습법

1장

새로운 일본어능력시험에서는 급수에 따라 출제되는 내용이 조금씩 다릅니다. 여기에서는 분야별로 모든 시험과목을 다루어 그 문제형식을 분석하여 어떻게 공부하면 좋을지 소개합니다.

(집필:호시노 케이코(다쿠쇼쿠대학 일본어교육연구소 강사))

문제 분석과 학습법

I 문자 · 어휘

I 문자 · 어휘
한자 읽기

◆ 문제의 초점
한자로 쓰여진 단어의 읽는 법을 묻는다.

어떤 문제가 출제될까?

한자를 읽는 방법에는 음독과 훈독이 있는데 많은 한자들이 두 가지의 방식으로 읽혀집니다. 훈독하는 것은, 한자가 하나밖에 없는 단어나, 히라가나와 함께 만들어진 단어일 경우에 많고, 음독하는 것은 한자가 둘 이상인 단어일 경우에 많습니다. 하지만, 음독, 훈독도 읽는 법이 여러가지인 한자도 적지 않습니다.

시험문제에서는 한자의 읽는 법을 히라가나 표기로 선택하기 때문에, 히라가나로 어떻게 쓰는지를 정확히 알고 있어야 합니다. 특히 주의해야 할 것은, 장음과 단음*1, 청음과 탁음*2, 촉음(작은 「tsu」)으로의 변화*3로, 이러한 것들은 틀리기 쉬우므로 시험문제에 자주 출제되는 포인트입니다.

*1 장음 : 登場(とうじょう) / 단음 : 登山(とざん)
*2 청음 : 通り(とおり) / 탁음 : 大通り(おおどおり)
*3 発明(はつめい) → 촉음 : 発表(はっぴょう)

N3 (『가이드북』 문제예 問題1 ①)

_____のことばの読み方として最もよいものを、1・2・3・4から一つえらびなさい。

山本さんはクラスの代表に選ばれた。

1 たいひょう   2 だいひょ   3 だいひょう   4 たいひょ

학습 포인트

한자를 읽는 방법에는 예외가 많고 불규칙한 변화도 일어납니다. 그래서 귀로 듣고 외우는 것만으로는 히라가나를 바르게 쓰는 법을 정확히 외울 수 없습니다. 시험 문제에서 정답을 찾기 위해서는 히라가나로 읽는 방법을 외우도록 합니다. 또, 각 한자의 읽는 방법뿐만이 아니라, 각 단어의 읽는 방법을 외우는 것도 중요한 포인트입니다. 이것은 한자 읽는 방법과 어휘 공부를 동시에 할 수 있는 효과적인 학습법입니다.

연습문제

_____の言葉の読み方として最もよいものを、1・2・3・4から一つ選びなさい。

花屋の店の中は、いい香りでいっぱいだ。

  1　こうり   2　かおり   3　こり   4　かり

문제 분석과 학습법

I 문자 · 어휘

I 문자 · 어휘
표기

◆ 문제의 초점
히라가나로 쓰인 단어를 한자로 어떻게 표기하는지 묻는다.

어떤 문제가 출제될까?

한자를 선택하는 문제입니다. 문제의 보기에 있는 한자는 모양이 비슷한 것(변(한자의 왼쪽) 또는 방(한자의 오른쪽 부분)이 같은 것), 의미가 비슷한 것, 음이 유사한 것 등이 있는데, 특히 동음이의 한자*에는 주의가 필요합니다.

*예 「shuu」라고 읽는 한자 : 収 · 州 · 舟 · 周 · 拾

N2   (『가이드북』 문제예 問題2 ③)

_____の言葉を漢字で書くとき、最もよいものを、1・2・3・4から一つえらびなさい。

今日は、ごみの<u>しゅうしゅう</u>日ですか。

    1　拾集　　　　2　修集　　　　3　取集　　　　4　収集

학습 포인트

시험에는 실제로 한자로 답을 쓰는 문제는 없지만, 한자를 외울 때는 정확한 형태를 쓰면서 외울 것, 그리고 변과 방 등 한자 부분의 차이를 정확히 확인하면서 외우는 것이 중요합니다. 또, 한자어에는 같은 음을 가진 것이 많이 있습니다. 동음이의어*를 찾아 모아 보는 것도 재미있고 좋은 공부가 됩니다.

연습문제

___の言葉を漢字で書くとき、最もよいものを、1・2・3・4から一つ選びなさい。

新しいパソコンのおかげで、仕事の<u>のうりつ</u>が上がった。

 1 効卒   2 能卒   3 効率   4 能率

문제 분석과 학습법

I 문자 · 어휘

문맥 규정

◆ 문제의 초점
문맥에 따라 의미상으로 규정된 단어가 무엇인지 묻는다.

어떤 문제가 출제될까?
문장 전체의 의미에 맞는 단어를 선택하는 문제입니다. 먼저, 문장의 전체적인 의미를 파악합니다. 보기에는 의미가 가까운 단어나 음이 가까운 단어가 있으므로, 틀리지 않도록 주의해서 선택합니다.

N3　　　　　　　　　　　　　　　　　　　　　　　　（『가이드북』 문제예 問題3⑤）

（　　）に入れるのに最もよいものを、1・2・3・4から一つえらびなさい。

（　　）寝たので、気持ちがいい。

　1　すっかり　　　2　ぐっすり　　　3　はっきり　　　4　ぴったり

학습 포인트
새로운 단어를 외울 때는 단어의 뜻 외에 그 단어를 사용한 구와 예문을 함께 외우면 효과적입니다. 그렇게 하면 어휘가 느는 것은 물론 독해력과 문법 지식도 늘고 운용력도 생기므로 종합적으로 실력이 향상됩니다.

연습문제

（　　）に入れるのに最もよいものを、1・2・3・4から一つ選びなさい。

春になって、庭に草がどんどん（　　）きた。

　1　さいて　　　2　かれて　　　3　はって　　　4　はえて

I 문자 · 어휘
바꾸어 말하기

◆ 문제의 초점
출제된 단어나 표현과 의미상으로 가까운 단어나 표현을 묻는다.

어떤 문제가 출제될까?

같은 의미의 단어, 의미가 가까운 단어를 선택하는 문제입니다. 밑줄 친 단어와 보기 중의 정답, 양쪽 다 뜻을 알지 못하면 정답을 고를 수 없습니다. 두 단어의 의미가 완전히 같다고 할 수 없는 것도 있지만, 중요한 것은 말을 바꿔도 문장 자체의 의미가 바뀌지 않는 말을 선택하는 것입니다.

N1 (『가이드북』 문제예 問題3 5)

＿＿＿の言葉に意味が最も近いものを、1・2・3・4から一つえらびなさい。

このマニュアルの説明はややこしい。

　　　1　明確だ　　2　奇妙だ　　3　複雑だ　　4　簡潔だ

학습 포인트

일본어 사전을 찾으면, 그 단어와 바꾸어 사용할 수 있는 단어가 자주 설명에 사용됩니다. 단어장 등에 단어의 뜻을 쓸 때, 사전에서 설명에 사용된, 바꾸어 사용할 수 있는 단어도 써 두고 외우면 좋겠지요.

練習問題

＿＿＿の言葉に意味が最も近いものを、1・2・3・4から一つ選びなさい。

この部屋は広いから、掃除はざっとすればいいですよ。

　　　1　しっかり　　2　きちんと　　3　ほとんど　　4　おおざっぱに

문제 분석과 학습법
I 문자·어휘

I 문자·어휘
용법

◆ 문제의 초점
출제어가 문장 안에서 어떻게 사용되는지 묻는다.

어떤 문제가 출제될까?

어떤 단어가 문장 안에서 적절하게 사용되었는지를 묻는 문제입니다. 어휘 분야이므로 문법적이 아니라 의미상 사용법이 적절한지 어떤지를 판단합니다.

N1　　　　　　　　　　　　　　　　　　　　　　　　(『가이드북』문제예 問題4⑧)
次の言葉の使い方として最もよいものを、1・2・3・4から一つえらびなさい。
キャリア
1　その分野のキャリアになるには、長い間の努力が必要だ。
2　先月賞を取ったあの歌手のキャリアは苦労続きだったそうだ。
3　昨日、異動の発表があって、兄のキャリアは部長になった。
4　彼のキャリアはそれほど長くないが、この仕事をよく理解している。

학습 포인트

모든 어휘 문제에 해당하는 말이지만, 특히 이「용법」문제의 대책에서는 단지 단어의 의미를 암기하는 것이 아니라 자주 사용되는 예문, 전형적인 용법의 문장과 함께 외우는 것이 중요합니다. 예를 들면「かわいがる」면「子供を[犬を] かわいがる」라고 외우고,「もったいない」라면「捨てるのは もったいない / 時間が もったいない」라고 외웁니다. 또, 가타카나 단어도 반드시 출제되므로 일본어에서의 사용법을 파악해 둡시다.

연습문제

次の言葉の使い方として最もよいものを、1・2・3・4から一つ選びなさい。

もったいない
1 彼はまだ若いのに、もったいない人物だ。
2 この地方では、もったいない水を使って発電をしている。
3 おもしろくてもったいない話があったら、ぜひ聞かせてください。
4 捨てるのはもったいないので、まだ使っています。

문제 분석과 학습법
Ⅱ 문법

Ⅱ 문법
문장의 문법1(문법 형식의 판단)

◆ 문제의 초점
문장의 내용에 맞는 문법 형식인지 아닌지를 판단할 수 있는지 묻는다.

어떤 문제가 출제될까?

이 문제의 빈칸에 들어가는 말은 「문법적인 기능어*」로 취급되는 어구와 표현이 중심입니다. N3에서는 초급 후기의 문법 항목과 중급 기능어 중 약간 쉬운 것이 출제될 것으로 예상됩니다.

*기능어 : 무언가를 표현하는 내용적인 의미가 아닌, 문법적인 의미와 기능을 가진 말.

N2 (『가이드북』문제예 問題7[13])

次の文の(　　)に入れるのに最もよいものを、1・2・3・4から一つえらびなさい。
最終のバスに間に合わなくて困っていた(　　)、運よくタクシーが通りかかり、無事帰宅できた。
　　　　1　あげくに　　2　ために　　3　とたんに　　4　ところに

학습 포인트

N3에서는 초급 후기의 문법 항목인 수동문, 사역문, 조건 표현(たら / なら / ば / と), 추량 표현(らしい / ようだ / はずだ 등), 경어 등이 중심이 됩니다. 이것은 모두 일본어의 기초가 되는 아주 중요한 문형, 문법이므로 확실히 공부해서 마스터해 두어야 합니다. 여기에 더해서 중급 초기에서 학습하는 표현과 기능어류도 예문과 함께 의미와 사용법을 공부할 필요가 있습니다.

연습문제

つぎの文の（　　）に入れるのに最もよいものを、1・2・3・4から一つえらびなさい。

あの人は頭が（　　）、性格もやさしいので、とても人気がある。
　　1　よく　　　　2　いいから　　　3　いいと　　　　4　いいのでと

문제 분석과 학습법

Ⅱ 문법

Ⅱ 문법
문장의 문법2(문장의 구성)

◆ 문제의 초점
통어적으로 올바르고, 또 의미가 통하는 문장을 구성할 수 있는지 묻는다.

어떤 문제가 출제될까?

문장을 바르게 구성하는 문제입니다. 보기 4개의 말을 어떤 순서로 늘어놓으면 올바른 문장이 되는지를 생각해서, __★__ 에 들어가는 말을 고릅니다. 문법 지식을 최대한 사용하고 문장의 의미를 추측해 가면서 풉니다.

N2　　　　　　　　　　　　　　　　　　　　　　　(『가이드북』문제예 問題8 [16])

次の文の ___★___ に入る最もよいものを、1・2・3・4から一つえらびなさい。

田中(たなか)選手が今シーズン _____ ___★___ _____ _____ のニュースを見て驚いた。

　1　彼の怪我(けが)　　2　活躍(かつやく)するのを　　3　楽しみに待っていた　　4　だけに

학습 포인트

문법 지식을 실마리로 문장을 구성해 가는 연습을 충분히 해서 이 형식에 익숙해질 필요가 있습니다. 문제집 등을 이용해서 연습문제를 계속해서 풀어 봅시다. 처음에는 어렵게 느껴져서 시간도 걸릴지 모르지만, 퍼즐을 푼다는 생각으로 해 보면 즐겁게 공부할 수 있습니다. 이 연습으로 문법은 물론, 독해력, 작문 능력을 포함한 일본어의 종합적인 실력을 키울 수 있습니다.

연습문제

つぎの文の ___★___ に入る最もよいものを、1・2・3・4から一つえらびなさい。

いちごは、何も _____ ___★___ _____ _____ が好(す)きです。

　1　そのまま　　　2　の　　　3　食べる　　　4　かけずに

Ⅱ 문법
텍스트 문법

◆ 문제의 초점
글의 흐름에 맞는 문장인지 아닌지를 판단할 수 있는지 묻는다.

어떤 문제가 출제될까?

　글의 내용과 흐름에 맞는 단어를 빈칸에 넣는 문제입니다. 글 전체의 흐름을 크게 파악하는 능력과 동시에, 한 문장 한 문장의 의미와 문장과 문장의 연결 방법을 이해할 수 있는 지 평가합니다. 빈칸 부분에 들어가는 것은, 의미상 문맥에 맞는 적절한 어구와 문장, 흐름과 논리의 전개에 맞는 접속어, 문법적인 표현 문형 등 여러 가지입니다. 문법 분야의 문제이지만 독해력도 평가되는 문제입니다.

학습 포인트

　이 문제를 풀 때는 글 전체의 흐름과 의미를 파악하고 문장과 문장의 관계를 파악해서 보기를 체크하면서 답을 찾습니다. 이러한 것들을 정해진 시간 내에 풀어야 하기 때문에 간단하지 않습니다. 충분한 연습을 거듭할 필요가 있으므로 문제집 등의 교재를 이용하면 좋겠지요. 독해 연습도 겸하는 아주 좋은 공부가 됩니다. 가지고 있는 일본어 실력을 최대한 이용하여 문제를 푸는 것으로 문법 능력뿐만이 아니라, 일본어의 종합적 능력 향상을 크게 기대할 수 있습니다.

연습문제

つぎの文章を読んで、1 から 5 の中に入る最もよいものを、1・2・3・4から一つえらびなさい。

　　アンコールワットを訪ねる旅をご案内しましょう。世界的に有名なアンコールワット遺跡のあるところは、この地方としては比較的涼しい季節に訪ねた 1 、日中の気温はかなり高くなります。ですから、昼間の観光は 2 。太陽が高い間はホテルで休むようにして、朝のうち、または夕方から観光を楽しむ 3 でしょう。アンコールワットのすばらしさを十分に知るためには、観光の中心地シェムリアップの町にぜひ3泊は 4 と思います。時間に追われて疲れてしまったら、何のために休みを取ったのかわかりませんから。できるだけゆっくりとしたスケジュールを組むことで、この旅が、満足できる楽しい旅になるに 5 。

1　1　場合なら　　　　　2　場合だったら
　　3　場合でも　　　　　4　場合だと

2　1　さむくありません　　2　おすすめしません
　　3　気持ちいいです　　　4　ゆっくりします

3　1　ほうがいい　　　　　2　ものがいい
　　3　のにいい　　　　　　4　ことにいい

4　1　してくださる　　　　2　していただきたい
　　3　するはずだ　　　　　4　するところだ

5　1　しましょう　　　　　2　すぎません
　　3　かぎります　　　　　4　ちがいありません

III 독해
내용 이해(단문)

◆ 문제의 초점
생활, 일 등 여러 가지 화제를 포함한 설명문과 지시문 등 150~200자 정도의 글을 읽고, 내용을 이해할 수 있는지 묻는다.

어떤 문제가 출제될까?
설명문이나 지시문 등의 짧은 글(150-200자 정도)을 읽고, 내용에 대한 질문에 답합니다. 사용되는 글에는 편지나 광고 등도 포함될 가능성이 있습니다. 일상생활이나 직장에서 볼 수 있는 실용적인 글이 중심이지만, 특히 「일」에 관계되는 글이 출제될 가능성이 클 것으로 예상됩니다.

III 독해
내용 이해(중문)

◆ 문제의 초점
해설, 수필 등 350자 정도의 글을 읽고, 키워드와 인과관계 등을 이해할 수 있는지 묻는다.

어떤 문제가 출제될까?
350자 정도의 설명문이나 수필 등을 읽고, 내용을 이해하고 키워드 등의 포인트에 대한 질문에 답합니다.

III 독해
내용 이해(장문)

◆ 문제의 초점
해설, 수필, 편지 등 550자 정도의 글을 읽고, 개요와 논리의 전개 등을 이해할 수 있는지 묻는다.

어떤 문제가 출제될까?
550자 정도의 해설문이나 수필, 편지 등을 읽고, 개요와 논리의 전개에 대한 질문에 답합니다. 문장은 길지만, 자세한 부분에 대한 문제, 예를 들어 지시어가 구체적으로 무엇을 가리키는지와 같은 문제보다도 그 문장이 전달하고자 하는 중요한 점을 묻는 문제가 중심입니다.

III 독해
정보 검색

◆ 문제의 초점
광고, 팸플릿 등 정보 소재(600자 정도) 중에서 필요한 정보를 찾아낼 수 있는지 묻는다.

어떤 문제가 출제될까?
실생활에서 자주 보는 안내문 등을 읽고, 필요한 정보를 찾는 문제입니다. 긴 글은 아니므로 깊이 있게 읽을 필요는 없지만, 한자와 어휘의 지식이 없으면 어렵게 느껴집니다. 자기 자신이 실제로 그 정보를 찾는 입장이라고 가정해서 몰두하면 집중할 수 있고, 답을 찾기 쉬울 것입니다.

연습문제

つぎは、旅行用のスーツケースを貸す会社の案内である。下の質問に答えなさい。答えは、1・2・3・4から最もよいものを一つえらびなさい。

村田さんは、夏休みに海外旅行に行くとき、スーツケースをレンタルで借りようと思っています。
●村田さんの旅行スケジュール　　出発：8月10日　　帰国：8月18日
＊帰国の次の日にスーツケースを返送する。

1　サイズ表を見てスーツケースを選ぶ場合、村田さんが払う料金はいくらになるか。
　1　2,500円　　　　2　2,800円　　　　3　3,000円　　　　4　3,300円

2　スーツケースが届かない場合はどうするのがよいか。
　1　8月7日の午前中に電話で連絡する。
　2　8月7日の正午に電話で連絡する。
　3　8月8日の午前中に電話で連絡する。
　4　8月8日の正午に電話で連絡する。

スーツケース・レンタル

1. レンタルの期間

＊出発日の3日前にスーツケースが届きます。この日のうちに届かない場合は、トラブルが発生しているかもしれませんから、次の日の正午までに電話で必ずご連絡ください。

2. サイズ表

サイズ	旅行日数（目安）
S	4～5日
M	1週間まで
L	1週間以上

3. レンタル料金

レンタル日数	S	M	L
1～5日	1,500円	1,800円	2,100円
6～10日	2,200円	2,500円	2,800円
11～20日	2,700円	3,000円	3,300円
21～25日	3,000円	3,300円	3,600円

Ⅳ 청해
과제 이해

◆ **문제의 초점**

내용이 갖추어진 본문을 듣고, 내용을 이해할 수 있는지 묻는다. (구체적인 과제 해결에 필요한 정보를 듣고, 다음에 무엇을 하는 것이 적당한지를 이해하는지 묻는다.)

어떤 문제가 출제될까?

본문 안에는 어떤 과제가 있습니다. 그 과제를 이해하고 「무엇을 할까?/무엇이 필요할까?/언제/어디/누구」등을 듣습니다. 문제 책자에 인쇄된 보기는 문자인 경우뿐만이 아니라, 일러스트도 있습니다.

학습 포인트

청해 문제집을 이용하는 것이 효과적입니다. 「과제 이해」의 문제를 연습할 때는 일기예보를 들을 때처럼, 필요한 정보(자기가 사는 지역의 날씨)를 듣고, 다음에 무엇을 할지(우산이 필요할지)를 찾는 연습을 합니다. CD를 들으면서 정보를 계속해서 메모하는 것이 좋습니다. 중요할 것 같은, 정답과 관련이 있을 것 같은 메모에는 ○나 밑줄 등으로 표시합니다.

Ⅳ 청해
포인트 이해

◆문제의 초점

내용이 갖추어진 본문을 듣고 내용을 이해할 수 있는지 묻는다. (사전에 제시된 들어야 할 것을 근거로 포인트를 좁혀서 들을 수 있는지 묻는다.)

어떤 문제가 출제될까?

처음에 질문을 듣고, 들어야 할 포인트를 기억합니다. 그 후에, 문제지에 있는 4개의 보기를 읽는 시간이 있으므로 정확히 읽어 둡니다. 문제1(과제 이해)의 듣기 포인트는 구체적인 정보(무엇, 누구, 언제, 어디, 등)이지만, 이 문제2의 포인트는 좀 더 어렵습니다. 예를 들면,「말하는 사람의 기분」이나「일이 일어난 이유」등을 듣습니다. 확실히 제시되어 있지 않은 상황, 애매한 표현, 세세한 마음의 움직임 등도 이해할 수 있어야 합니다. 질문의 형태는「왜/어째서/어떤 이유」가 중심이 됩니다.

학습 포인트

「과제 이해」와 같이 메모를 활용하는 것이 중요합니다. 연습할 때도 처음에 질문에서 제시된「듣기 포인트」부터 메모해 둡니다. 말로 제시되지 않은 것을 파악하기 위해서는 말투(억양이나 쉬는 곳, 머뭇거림 등)도 실마리가 됩니다. 말하는 사람의 감정이나 진심은 어디에 있는지를 파악하며 듣는 연습도 필요합니다.

IV 청해
개요 이해

◆ 문제의 초점

내용이 갖추어진 본문을 듣고 내용을 이해할 수 있는지 묻는다. (본문 전체에서 말하는 사람의 의도와 주장 등을 이해할 수 있는 지 묻는다.)

어떤 문제가 출제될까?

들은 것 전체에서 말하는 사람의 생각이나 주장을 이해하는 문제입니다. 특정 정보나 세부적인 포인트를 듣는 것이 아니라, 전체로부터 큰 개요를 파악합니다. 이 문제에서는 처음에 질문이 제시되지 않습니다. 형식은, 한 사람의 독백(스피치 형식)이 중심이 됩니다. 질문의 형식은 주로 「무엇에 대해서」「무엇을 위해서」입니다.

학습 포인트

처음에 질문이 없기 때문에, 포인트를 좁혀서 듣는 것이 아니라, 대강의 뜻을 추측하면서 듣습니다. 세부까지 잘 들으려 하지 말고, 요점을 파악하면서 말의 큰 흐름을 파악할 수 있는 방법으로 듣기를 연습합니다. 추측도 활용합니다.

IV 청해
발화 표현

◆ 문제의 초점
일러스트를 보면서 상황 설명을 듣고 적절한 발화를 선택할 수 있는지 묻는다.

어떤 문제가 출제될까?

새로운 타입의 문제입니다. 일러스트를 보면서 상황에 대한 설명을 듣고, 적절한 발화를 선택할 수 있는지 묻습니다. 일본어 능력시험에는 실제로 말하는 회화 시험은 없지만, 그 대신에 회화력과 말에 의한 커뮤니케이션 능력이 테스트됩니다.

학습 포인트

일본어 회화에서 상당히 자주 사용되는 정해진 표현이나 말하는 법을 외워 둡니다. 표현이 사용되는 장면이나 상황, 상대방과의 관계(친한 사람인지 친하지 않은 사람인지 윗사람인지 등)를 이해해 두는 것도 필요합니다. 회화 표현은 짧고 외우기 쉬운 표현이 많으므로 회화교재 CD를 듣고, 새로운 표현을 계속해서 외웁시다. 물론, 일본인의 생생한 회화를 듣고, 자주 사용되는 표현을 외우는 것도 아주 좋은 공부입니다. 시험을 위해서만이 아니라 회화력 향상에도 도움이 됩니다.

Ⅳ 청해
즉각적인 응답

◆ 문제의 초점
질문 등의 짧은 발화를 듣고 적절한 응답을 선택할 수 있는지 묻는다.

어떤 문제가 출제될까?

새로운 형식의 문제로, 짧은 대화를 듣고 적절한 대답을 선택합니다. 「발화 표현」의 문제와 같이 회화력과 커뮤니케이션 능력을 묻는 문제입니다. 귀로 들은 것을 이해하는 것뿐만 아니라, 그것에 대해 재빨리 반응해서 대답을 선택해야 합니다. 어떤 장소에서, 어떤 사람이 무엇에 대해 말하고 있는지를 순식간에 알아챌 수 있으면 좋겠지만, 회화가 아주 짧고 정보가 적으므로 아무것도 파악하지 못한 채 음성이 끝나버릴 우려도 있습니다. 하지만, 정답의 실마리가 되는 포인트도 있으므로 그것을 놓치면 안 됩니다.

학습 포인트

짧은 대화를 듣고 바로 어디에서, 어떤 사람이, 무엇에 대해 이야기하고 있는지, 이러한 것을 이해하는 것은 몹시 어렵지만 훈련을 하면 점점 익숙해집니다. 우선 일본인끼리의 대화를 많이 듣는 것이 도움이 됩니다. 교재 연습문제를 많이 풀어 보는 것도 좋겠지요. CD로 문제 연습을 할 때, 귀로 듣고 대답을 찾는 것뿐만 아니라, 대화를 소리를 내서 따라 하는 연습을 하면 효과적입니다. 듣는 연습만이 아니라 말하는 연습도 됩니다.

연습문제 정답

Ⅰ 문자 · 어휘
- ◆한자읽기 2
- ◆표기 4
- ◆문맥규정 4
- ◆바꾸어 말하기 4
- ◆용법 4

Ⅱ 문법
◆문장의 문법1　1　이 문장에서는, 인기가 있는 이유로 A「頭がいい」와 B「性格がやさしい」의 두 가지를 들었습니다. 이렇게 복수의 이유를 열거할 때는 「Aから、Bから」「Aので、Bので」라고는 하지 않습니다. 「Aて、B」「Aし、Bから/ので」의 문형을 사용합니다. 하나 더, 이 연습문제 문형도 쓰입니다. 이것은 회화체보다 문어체에 많은 형태로, 예를 들면 「かぜをひき、熱があったので、学校を休んだ」, 「今日は風もなく、暖かかったから、散歩に行った」처럼 복수의 이유를 열거합니다. 이 문형에서는 동사는 ます형이 되고 い형용사와 「〜ない」는 「〜く」가 됩니다. 「頭がいい」는 「頭がよく」가 됩니다.

◆문장의 문법2　1　옳은 문장：いちごは、何もかけずにそのまま食べるのが好きです。

◆텍스트 문법　1 3　2 2　3 1　4 2　5 4

Ⅲ 독해
◆정보검색　1 2　2 3

연습문제 번역

I 문자·어휘

〈한자 읽기〉
꽃집 안은 좋은 향기로 가득하다.
　2 かおり

〈표기〉
새 컴퓨터 덕분에 일의 능률이 올랐다.
　4 能率

〈문맥 규정〉
봄이 되어서 정원에 풀이 점점 (　)났다.
　1 피어　　2 말라　　3 붙어　　4 자라

〈바꾸어 말하기〉
이 방은 넓으니까 청소는 대강 하면 돼요.
　1 확실히　　　2 말끔히
　3 거의　　　　4 대충

〈용법〉
もったいない(아깝다)
　1 그는 아직 젊은데 아까운 인물이다.
　2 이 지방에서는 아까운 물을 사용해 발전을 하고 있다.
　3 재미있고 아까운 이야기가 있으면 꼭 들려 주십시오.
　4 버리는 것은 아깝기 때문에 아직 쓰고 있습니다.

II 문법

〈문장의 문법1(문법 형식의 판단)〉
저 사람은 머리가 (　), 성격도 온화해서 무척 인기가 많다.
　1 좋고　　　　2 좋아서
　3 좋다고　　　4 좋아서라고

〈문장의 문법2(문장의 구성)〉
딸기는 아무것도 ＿＿＿ ★ ＿＿＿ ＿＿＿ 을 좋아합니다.
(딸기는 아무것도 뿌리지 않고 그대로 먹는 것을 좋아합니다.)
　1 그대로　　　2 것
　3 먹는　　　　4 뿌리지 않고

〈텍스트 문법〉

앙코르와트를 방문하는 여행을 안내하겠습니다. 세계적으로 유명한 앙코르와트 유적이 있는 곳은 이 지방으로서는 비교적 시원한 계절에 방문했을 [1] 한낮의 기온은 꽤 높아집니다. 그러므로 낮의 관광은 [2]. 태양이 높이 떠있을 동안은 호텔에서 쉬도록 하고 아침동안 또는 저녁부터 관광을 즐기는 [3] 지요. 앙코르와트의 훌륭함을 충분히 알기 위해서는 관광의 중심지 시하누크 마을에 꼭 3박은 [4] 합니다. 시간에 쫓겨 지쳐버린다면 무엇을 위해 휴가를 얻었는지 모르게 되므로 될 수 있는 한 여유롭게 스케줄을 짬으로써 이 여행이 만족스러운 즐거운 여행이 될 것임에 [5].

[1] 　1 경우라면　　2 경우였다면
　　　3 경우라도　　4 경우라고

[2] 　1 춥지 않습니다　2 권하지 않습니다
　　　3 기분 좋습니다　4 여유롭게 합니다

[3] 　1 편이 좋겠　　2 것이 좋겠
　　　3 데 좋겠　　　4 것에 좋겠

[4] 　1 해 주시는　　2 해 주셨으면
　　　3 할 것이다　　4 하려는 참이다

[5] 　1 합시다　　　2 지나지 않습니다
　　　3 한합니다　　4 틀림없습니다

〈정보 검색〉

무라타 씨는 여름 휴가 때 해외여행을 갈 때, 여행가방을 렌탈로 빌리려고 합니다.
- 무라타 씨의 여행 스케줄

출발 : 8월 10일   귀국 : 8월 18일

＊귀국 다음날 여행가방을 반납함.

1 사이즈 표를 보고 여행 가방을 고를 경우, 무라타 씨가 낼 요금은 얼마가 되는가?

1 2,500엔   2 2,800엔   3 3,000엔   4 3,300엔

2 여행가방이 도착하지 않을 경우 어떻게 하는 것이 좋은가?

1 8월 7일 오전 중에 전화로 연락한다.
2 8월 7일 정오에 전화로 연락한다.
3 8월 8일 오전 중에 전화로 연락한다.
4 8월 8일 정오에 전화로 연락한다.

여행가방 렌탈

1. 렌탈 기간

＊출발일 3일 전에 여행가방이 도착합니다. 이날 안에 도착하지 않을 경우는 문제가 발생했을지도 모르므로 다음날 정오까지는 전화로 반드시 연락주십시오.

2. 사이즈표

사이즈	여행일수(기준)
S	4~5일
M	1주일까지
L	1주일 이상

3. 렌탈 요금

렌탈일수	S	M	L
1~5일	1,500엔	1,800엔	2,100엔
6~10일	2,200엔	2,500엔	2,800엔
11~20일	2,700엔	3,000엔	3,300엔
21~25일	3,000엔	3,300엔	3,600엔

新 일본어능력시험
2010년 7월 기출어휘 및 문형 분석

I 문자·어휘

1. 한자 읽기
包つつむ 싸다, 두르다
得意とくい 숙달되어 있음, 자신이 있음
発見はっけん 발견
表あらわす (모습·모양을) 나타내다, 드러내다
通勤つうきん 통근
岩いわ 바위
努力どりょく 노력, 힘씀

2. 표기
正常せいじょう 정상
血液けつえき 혈액
追おう 따르다, 뒤쫓아가다, 추구하다
降おりる (아래로) 내리다, 내려오다, 내려가다, (탈 것 등에서) 내리다
身長しんちょう 신장, 키
物語ものがたり (서로) 이야기함, 또는 그 내용, 전설, 설화

3. 문맥 규정
カタログ 카탈로그, 상품 목록, 영업 안내서
感かんじ 감각, 감촉
家賃やちん 집세
しまう 치우다, 간수하다, 간수해 두다
最新さいしん 최신
しばる 묶다, 붙들어 매다
キャンセル 캔슬, 해약, 계약 취소
~向むき ~에 적합한, ~에 맞는
感動かんどう 감동
うっかり 깜빡, 멍청히, 무심코
立派りっぱな 훌륭함, 위엄이 있고 아름다움, 아주 뛰어남, 당당함

4. 바꾸어 말하기
きつい 기질이 강하다, 심하다, 고되다
大変たいへんだ 힘듦, 고생스러움
くたびれる(=疲つかれる) 지치다, 피로하다
~が明あける(=おわる) (어느 기간이) 끝나다
混雑こんざつ 혼잡

5. 용법
落おち着つく (일·마음 등이) 안정되다, 진정되다, 가라앉다, 나아지다, (거처나 직업이) 안정되다, 자리 잡다, 정착하다
はかる (무게를) 달다, (길이를) 재다, (양을) 되다, 어림잡다, 가늠하다
ユーモア 유머, (동의어)ヒューモア
未来みらい 미래
そっくり 꼭 닮은 모양

Ⅱ 문법

1. 문장의 문법1(문법 형식의 판단)
～って ～라고
～たびに ～할 때마다, ～할 적마다
いつのまにか 어느 사이엔가, 모르는 사이에, 어느덧
～ことになる ～기로 하다
～ように言われる ～하도록 이야기를 듣다
～のあいだ(に) ～하는 중에
皆(みんな)熱心(ねっしん)に話(はなし)を聞(き)いていた 모두 열심히 이야기를 듣고 있었다
～におります ～에 있습니다
～だけにする ～만으로 하다
～ようになってから ～하게 되고부터
～について ～에 대해서
～なりすぎて 너무 ～하게 되어서
～させないでください ～하지 말아주세요
～のだろうが ～겠지만

2. 문장의 문법2(문장의 구성)
コンサートは7時からですから、そんなに 早く 行っても まだ 開いていない と思いますよ。
～ていない 아직 ～하지 않다

今、ほかの学生と話して いらっしゃいます から 少し 待って ください。
～から ～이기 때문에

父もわたしも、今日はかさがなくても 大丈夫 だろう と思って 出かけたのだ が、帰りは雨に降られてしまった。
～れてしまった 迷惑, 불쾌감 등의 피해 수동형

昨日動物園に行ったら、先月 生まれた ばかりの ライオンの 赤ちゃんを 見ることができました。
～たばかり ～하자마자, 막 ～한

ああ、確か『わかる』 という ような 意味 だった と思う んですけど。
～というような ～라고 하는 것 같은

3. 텍스트 문법
ところが 그런데
なぜなら 왜냐하면
でも 그렇지만
たとえば 예를 들면
一方(いっぽう) 한편
ですから 「だから」의 공손한 말, 그러므로, 그러니, 그래서
それなのに 그런데도, 그럼에도 불구하고
そのうえ 게다가, 또한, 더욱

Ⅲ 독해

1. 내용 이해(단문)
規則きそく 규칙
指定してい 지정
捨すてる 버리다, (불필요한 것을) 내다버리다
吸すう (기체나 액체를) 들이마시다, 빨다, 빨아 먹다
守まもる 지키다, 막다, 수호하다, 방호하다
医者いしゃ 의사
機械きかい 기계
結局けっきょく 결국
雑誌ざっし 잡지
最終的さいしゅうてきに 최종적으로
選えらぶ 고르다, 뽑다, 택하다, 가리다
物差ものさし (평가의) 척도(尺度), 기준
しっかり 견고한 모양, 튼튼한 모양, 단단히, 꽉
あて先さき 우편물을 받는 주소, 연락처
～向むけ ～용
文房具ぶんぼうぐ 문방구
拝見はいけん 배견, 삼가 봄
ご都合つごう 형편, 사정(事情)
お知しらせ 알림, 통지
担当たんとう 담당
開館かいかん 개관
記念きねん 기념
種類しゅるい 종류
応募おうぼ 응모
絵えの具ぐ 그림물감, 채료(彩料)
差さし上あげる 드리다, 바치다
ご覧らんください 봐 주세요

2. 내용 이해(중문)
重かさなる 겹쳐지다, 포개어지다, 거듭되다
担任たんにん 담임
花束はなたば 꽃다발
お礼れい 예의, (동의어)礼儀れいぎ
表あらわす (모습·모양을) 나타내다, 드러내다
作つくり続つづく 계속 만들다
環境かんきょう 환경
壊こわす 부수다, 허물다, 깨뜨리다
新聞紙しんぶんし 신문지
減へらす 줄이다, 덜다, 감하다
エネルギー 에너지, (동의어)エナジー
再使用さいしよう 재사용
ペットボトル 페트병
ドイツ 독일
リサイクル 리사이클, 자원의 절약과 재활용
実際じっさい 실제
詳くわしい 상세하다, 자세하다, 소상하다, 자상하다
調しらべる 조사하다, 검토(점검)하다
単純たんじゅん 단순
比較ひかく 비교

3. 내용 이해(장문)
そば屋や 국숫집
収入しゅうにゅう 수입
健康けんこう 건강
増ふえる 늘다, 늘어나다, 증가하다, 불어나다
夫婦ふうふ 부부
手伝てつだう (남의 일을) 도와주다, 거들다
作つくり方かた 만드는 방법
準備じゅんび 준비
研究けんきゅう 연구
奥おく 속, 깊숙한 안쪽, 겉에 드러나지 않는 속, 남에게 알리지 않는 것
経験けいけん 경험
経営けいえい 경영
様子ようす 사물의 상태나 상황, 형편
苦労くろう 고생, 수고, 노고
選択せんたく 선택

4. 정보 검색
参加費さんかひ 참가비
写真館しゃしんかん 사진관
申もうし込こみ 신청
締しめ切きり (기한의) 마감, (문 등이) 항상 닫혀 있음

Ⅳ 청해

1. 과제 이해
事務室じむしつ 사무실
込こむ (많은 사람으로) 붐비다, 복작거리다, 혼잡을 이루다
父親ちちおや 아버지
セーター 스웨터
プール 풀, 수영장
メッセージ 메시지
ファックス 팩스
貼はる 붙이다
発表者はっぴょうしゃ 발표자
コピー 카피
なつかしい[懐かしい] 그립다, 정답다, 정겹다
曲きょく 곡
ずいぶん 분에 어울리게, 보통 정도가 넘는 모양, 몹시, 아주, 대단히
ラジオ局きょく 라디오 방송국
ホームページ (컴퓨터에서) 홈페이지
載のる (신문 등에) 실리다, 게재되다
光電気こうでんき 태양전기
書類しょるい 서류

2. 포인트 이해
苦手にがて 서투름, 잘하지 못함
材料ざいりょう 재료
余あまる 남다, (수량이) 넘다, 이상이다
一所懸命いっしょけんめい 목숨을 걸고 일함, 열심임
留守番るすばん 남의 빈 집을 지켜 줌, 또는 그 사람
授業じゅぎょう 수업
サッカー 사커, 축구
バスケット 농구
たっきゅう 탁구
お世話せわになる 신세를 지다
それに 그런데도, 그러함에도
習慣しゅうかん 습관
アナウンサー 아나운서, 방송원(放送員)
インタビュー 인터뷰, 회견, 취재 기자와의 면담, 또는 그 기사
グループ 그룹, 무리, 집단, 동아리, 한패
コンサート 콘서트, 음악회, 연주회
ファン 팬, 열렬한 애호가
リーダー 리더, 지도자, 지휘자, 주장(主將), 수령
ポスター 포스터
ダンス 댄스, 춤, 서양 춤, 특히, 사교춤
スーパー 슈퍼마켓, 「スーパーマーケット」의 준말
秘密ひみつ 비밀
表面ひょうめん 표면
台風たいふう 태풍
まったく (否定語와 함께 쓰여) 전혀
なるほど (듣던 바와 같이) 과연, 정말
おとなしい 얌전하다, 온순하다

3. 개요 이해
泊とまる 숙박하다, 묵다, 자다
片付かたづく 정돈되다, 정리되다, 해결되다, 결말 나다, 매듭지어지다, 끝나다
破やぶれる 찢어지다, 뚫어지다, 해지다, 깨지다, 부서지다
謝あやまる 용서를 빌다, 사과하다, 사죄하다
知しり合あい 서로 앎, 또는 아는 사이, 친지
結婚式けっこんしき 결혼식
リポート 리포트
野菜やさい売うり場ば 채소 판매장
珍めずらしい 드물다, 희귀하다, 이상하다, 별나다
きゅうり 오이
技術ぎじゅつ 기술
値段ねだん 가격
疑問ぎもん 의문
お互たがい 서로
付つき合あう 사귀다, 교제하다
理想的りそうてき 이상적

4. 발화 표현
後輩こうはい 후배
お先さきに失礼しつれいします 먼저 실례하겠습니다
ハンカチ 손수건, 「ハンカチーフ」의 준말

拾ひろう 줍다, 습득하다
辞書じしょ 사전
練習れんしゅう 연습
頑張がんばる (끝까지) 견디며 버티다, 끝까지 노력하다
おかまいなく 개의치 마시고, 걱정은 마시고, 상관없이
お大事だいじに 몸조리 잘하세요
調子ちょうし 상태
ぜひ 부디, 꼭, 반드시, 시비, 옳고 그름, 잘잘못, 가부
やらせてもらえますか 시켜줄 수 있습니까?, 할 수 있게 해줄 수 있을까요?
引ひき受うけ 떠맡음, 인수

新 일본어능력시험
실전 모의테스트

2장

실전과 가까운 형태의 시험문제를 풀어보는 것도 합격을 위한 효과적인 준비 중 하나입니다.
실시기관이 발표한 문제수에 따라 만들어진 모의테스트를 풀어보고, 답 쓰는 순서나 시간 배분 훈련을 해 둡시다.
답안용지는 잘라서 사용할 수 있습니다.

模擬試験問題

N3

言語知識（文字・語彙）
（30分）

問題1 ＿＿＿のことばの読み方として最もよいものを、1・2・3・4から一つえらびなさい。

1 毎日、読書をしている。
   1 とくしょ   2 どくしょ   3 とくしょう   4 どくしょう

2 公共の場では、マナーを守って行動する。
   1 こうきょ   2 こうきょう   3 ごうきょう   4 こきょう

3 彼は、大学院で勉強を続けるそうだ。
   1 たいかくいん   2 たいがくいん   3 だいかくいん   4 だいがくいん

4 出張で南米に行くことになった。
   1 しゅうちょう   2 しゅちょう   3 しゅっちょ   4 しゅっちょう

5 これは本物のダイヤですか。
   1 ほんとう   2 ほんぶつ   3 ほんもつ   4 ほんもの

6 私はボクシングが嫌いです。
   1 いやい   2 きらい   3 けんい   4 こわい

7 来週から営業時間がのびます。
   1 えいぎょう   2 えいごう   3 かんごう   4 かんぎょう

8 彼は航空会社に勤めています。
   1 くうこう   2 こうく   3 こうくう   4 こくう

問題2 ＿＿＿のことばを漢字で書くとき、最もよいものを、1・2・3・4から一つえらびなさい。

9 明日は、お弁当をじさんしてください。
   1 自参   2 特参   3 時参   4 持参

10 ゆうはんを食べてから、花火を見に行こう。
   1 夕飯   2 右飯   3 有飯   4 優飯

11 きかいがあったら、いっしょにゴルフをしましょう。
    1 貴会   2 機会   3 器械   4 機械

12 あの国では、経済がきゅうそくに発展している。
    1 九速   2 急足   3 急速   4 球速

13 電車がホームにつきました。
    1 帰き   2 着き   3 届き   4 留き

14 彼の努力にはかんしんさせられる。
    1 間心   2 関心   3 感心   4 歓心

問題3 （　　）に入れるのに最もよいものを、1・2・3・4から一つえらびなさい。

15 天気がいいと、ここから富士山が（　　）見えます。
    1 ぐっすり   2 はっきり   3 ぴったり   4 ゆっくり

16 空が暗くなってきて、（　　）雨が降りそうです。
    1 今にも   2 たった今   3 ちょうど   4 つぎに

17 きょうの発表は（　　）いった。
    1 よく   2 まずく   3 うまく   4 わるく

18 この辺りは自然に恵まれ、昔から農業が（　　）だった。
    1 盛ん   2 様々   3 にぎやか   4 豊か

19 駅前のスーパーに（　　）から、家へ帰ります。
    1 買って   2 通って   3 見て   4 寄って

모의테스트
언어지식(문자・어휘)

20 道が（　　）いるせいか、バスがなかなか来ない。
1　集まって　　2　混んで　　3　止まって　　4　迷って

21 わたしは、江戸(えど)時代の人々の生活に（　　）があります。
1　興味　　2　習慣　　3　趣味　　4　文化

22 来月から、電気（　　）が値上がりするそうです。
1　価格　　2　値段　　3　物価　　4　料金

23 会議の内容(ないよう)を、今日中に部長に（　　）してください。
1　案内(あんない)　　2　紹介(しょうかい)　　3　返事(へんじ)　　4　報告(ほうこく)

24 栄養(えいよう)の（　　）も考えて、お弁当(べんとう)を作っています。
1　カロリー　　2　バランス　　3　ビタミン　　4　メニュー

25 この商店（　　）では、100円買うごとにシールが1枚もらえる。
1　街　　2　町　　3　通　　4　道

問題4　＿＿＿＿に意味が最も近いものを、1・2・3・4から一つえらびなさい。

26 コピー機を修理してください。
1　出して　　2　使って　　3　直して　　4　持って

27 海外旅行にはパスポートが必要です。
1　あります　　2　いります　　3　送ります　　4　入ります

28 来週のスポーツ大会には、できるだけ参加してください。
1　送って　　2　かけて　　3　頼んで　　4　出て

29 説明書のとおりに棚を組み立ててください。
1　作って　　2　置いて　　3　立てて　　4　集めて

30 休みの日はたいてい家でゆっくりしています。
1　かならず　　2　ずいぶん　　3　ちゃんと　　4　ほとんど

問題5 つぎのことばの使い方として最もよいものを、1・2・3・4から一つえらびなさい。

31 引っ越す
1 寒さに弱いので、暖かい地方に引っ越すつもりです。
2 食事がすんだら、バーに引っ越して飲みましょうか。
3 転勤になったので、大阪支社に引っ越します。
4 来月、人事部から営業部に引っ越します。

32 まじめ
1 この書類はまじめなものですから、大切にしてください。
2 これは会社の将来に関係するまじめな問題ですから、役員会で話しましょう。
3 鈴木さんって、いつも本ばかり読んでいて、まじめそうな人ですね。
4 日本の電車はとてもまじめです。めったに遅れたりはしません。

33 断る
1 講演を頼まれたのですが、自信がないので、お断りしました。
2 病気を断るためには、正しい食生活が必要です。
3 水が油を断るので、混ぜることはできません。
4 私は、なにをしても失敗ばかり、もう人生を断った。

34 壊れる
1 大雪のせいで、木が壊れてしまった。
2 風が強くて、傘が壊れてしまった。
3 どうしよう。イタリア製のスーツが壊れちゃった。
4 どうも、頭が壊れたようだ。ガンガンする。

[35] とっくに
1 沖縄生まれの友達は寒いのが苦手だが、とっくにこの寒さにも慣れるだろう。
2 彼は、とっくに40歳をすぎていますよ。そろそろ50歳かもしれない。
3 ゆうべ寝ていたら、地震が起きたので、とっくに外にとび出した。
4 いつまでもテレビを見ていないで、とっくに勉強して早く寝なさい。

模擬試験問題

N3

言語知識（文法）・読解
（70分）

問題1 つぎの文の（　　）に入れるのに最もよいものを、1・2・3・4から一つえらびなさい。

1　昨日の晩、お酒を飲みすぎた父は家に着いた（　　）、玄関で倒れて寝てしまった。
　　1　くせに　　　　2　せいで　　　　3　どころか　　　4　とたん

2　一度や二度の失敗で簡単にあきらめる（　　）ではない。
　　1　だけ　　　　　2　はず　　　　　3　べき　　　　　4　ほど

3　部長が（　　）、すぐにそちらにご連絡いたします。
　　1　戻り次第　　　2　戻って以来　　3　戻ったとたん　4　戻ったついでに

4　先生のこのご本、（　　）いただけませんでしょうか。
　　1　読ませて　　　2　読まれて　　　3　読まされて　　4　お読みして

5　駅前のパン屋からいつもいいにおいがするので、店の前を通る（　　）、何か買ってしまう。
　　1　一方で　　　　2　おきに　　　　3　たびに　　　　4　あげくに

6　こんな悪い成績では、就職する（　　）、卒業もできないかもしれない。
　　1　ところ　　　　2　ところが　　　3　どころか　　　4　ところで

7　ジョンさんの作文は漢字の間違い（　　）で、とても読みにくい。
　　1　がち　　　　　2　せい　　　　　3　だけ　　　　　4　だらけ

8　田中君はだれに（　　）も親切なので、人気がある。
　　1　際して　　　　2　対して　　　　3　とって　　　　4　よって

9　昨日起きた大地震で、ＪＲ（　　）、地下鉄やバスなどの交通機関がすべて止まってしまった。
　　1　をはじめ　　　2　にかわって　　3　にわたって　　4　をきっかけに

10　絵をかくのが上手な彼女には、画家（　　）が一番合っている仕事だといえる。
　　1　こそ　　　　　2　さえ　　　　　3　しか　　　　　4　ばかり

11　日本に（　　）、全国を旅行したり、日本文化を体験したり、この国でしかできないことをしようと思っている。
　　1　いながら　　　2　いる一方で　　3　いるうちに　　4　いるおかげで

12　日本では、いらなくなった電気製品や家具などを捨てる（　　）、お金がかかる。
　　1　ので　　　　　2　のに　　　　　3　ほど　　　　　4　ように

13　彼女はきっとお金持ちなのだろう。持っているもの（　　）、高級そうだ。
　　1　からして　　　2　からいうと　　3　によると　　　4　にかけては

問題2　つぎの文の　★　に入る最もよいものを、1・2・3・4から一つえらびなさい。

(問題例)

その店で ＿＿＿ ＿＿＿ ★ ＿＿＿ は川村さんです。
1　花　　　2　買った　　　3　を　　　4　男性

(解答の仕方)

1．正しい文はこうです。

その店で ＿＿＿ ＿＿＿ ★ ＿＿＿ は川村さんです。
　　　　　1　花　　3　を　　2　買った　　4　男性

2．★に入る番号を解答用紙にマークします。

(解答用紙)　(例) ① ● ③ ④

14　誕生日に、＿＿＿ ＿＿＿ ★ ＿＿＿ 料理を作ってくれた。
1　きれない　　2　食べ　　3　友達が　　4　ほどの

15　グラハム・ベル ＿＿＿ ＿＿＿ ★ ＿＿＿、電話は人々の生活になくてはならないものになっている。
1　以来　　2　電話が　　3　によって　　4　発明されて

16　インフルエンザの一番の予防方法は、外から戻ったら、うがいや手洗いを ＿＿＿ ＿＿＿ ★ ＿＿＿。
1　必ず　　2　ことだ　　3　する　　4　そうだ

17　アメリカに出張するので、＿＿＿ ＿＿＿ ★ ＿＿＿、銀行へ行った。
1　換える　　2　ために　　3　ドルに　　4　日本円を

18　電子マネーは、カードを ＿＿＿ ＿＿＿ ★ ＿＿＿、現金を使わずに支払いができる。
1　さえ　　2　機械に　　3　すれば　　4　近づけ

問題3 つぎの文章を読んで、19 から 23 の中に入る最もよいものを、1・2・3・4から一つえらびなさい。

◆毎朝新聞・人生相談コーナーの投書

　私は広告会社に勤めています。先日、「もう、あなたとは、これっきり」と4年間つきあった彼女から言われてしまいました。19 、何も食べたくないし、何をする気力もありません。

　20 、今、担当しているスポンサーの関係するドラマのことで頭がいっぱいで、彼女とも、1か月以上も会っていなかったのです。「来週は視聴率(※1)20％取れるだろうか。視聴率が下がったら……」と考えはじめると、夜も寝られず、物も食べられなくて、デート 21 。

　仕事に振り回されているこんな自分が 22 。いやいや会社に行っても、まったくやる気が出ず、頭痛がしたりめまいがしたりで、集中できず、とうとう重要な書類をなくして部長に怒られてしまいました。23 昇進(※2)はもちろん、この会社に勤め続けることさえ危ないのではないかと、すっかり落ち込んでいます。

（※1）視聴率：一つのテレビ番組を、何％の人が見ているかを調べた数字
（※2）昇進：会社の中での地位が上がること

19　1　これからは　　　　　　　2　そうでなくても
　　3　これでいいのだ　　　　　4　それからというもの

20　1　実は　　　2　まず　　　3　つまり　　　4　すなわち

21　1　していたのです　　　　　　　2　して、楽しかったのです
　　3　どころではなかったのです　　4　するつもりはなかったのです

22　1　とてもいやです　　　　　2　とてもすきです
　　3　とてもできません　　　　4　とまらないのです

23　1　こんなことでは　　　　　2　あんなことでは
　　3　そんなことでは　　　　　4　どんなことでは

問題4　つぎの文章を読んで、質問に答えなさい。答えは、1・2・3・4から最もよいものを一つえらびなさい。

【4－1】

送信者：キム・ヨンア
日　時：2010年5月1日　10：28
あて先：山田先生
件　名：アルバイトについて

山田先生

こんにちは。キムです。
メール拝見しました。
韓国語の通訳のアルバイトを紹介していただき、ありがとうございます。
コンピューターを作っている工場を案内するアルバイトということですが、
私の専門は歴史なので、コンピューターの専門用語がよくわかりません。
通訳の仕事には興味があってやりたい気持ちもありますが、
この仕事は私には無理ではないかと思います。
紹介していただいたのに、すみません。

また機会があったら、ぜひご紹介ください。

キム　ヨンア

24　このメールの内容について、正しいものはどれか。
1　山田先生が探してくれたアルバイトをしたいと伝えた。
2　山田先生にアルバイトを紹介してくださいとお願いした。
3　山田先生が紹介してくれたアルバイトはできないと断った。
4　山田先生に韓国語の通訳のアルバイトがあるかどうか聞いた。

【4-2】

　国によって、何歳からを「成人」と考えるかには違いがある。日本の法律では現在、20歳からが成人と決められているが、世界では少数派だ。アメリカ、イギリス、フランスなど欧米の国々をはじめ、ロシア、中国などが成人年齢を18歳としている。日本でも、18歳という年齢は、高校を卒業し就職する人が多く出る年齢、車の運転免許(※1)を取ることができる年齢でもあり、結婚も可能(※2)になる年齢であることなどから、成人の年齢を20歳から18歳に下げてもいいのではないかという意見も出てきている。

（※1）免許：あることをしてもよいと政府などから認められること、license
（※2）可能：できること

[25] 上の文章の内容について、正しいものはどれか。
1　現在、日本の成人年齢と、中国やロシアの成人年齢は同じである。
2　世界のどの国でも、成人年齢を下げるべきだという意見が出てきている。
3　日本では、現在、20歳にならないと結婚したり就職したりすることはできない。
4　世界では、成人年齢を20歳と決めている国は、18歳と決めている国より少ない。

【4-3】
　最近、パソコンや携帯電話が普及(※1)し、インターネットで買い物をする人が増えている。買える商品(※2)も、本や雑誌、服、食べ物をはじめ、ペットや車、家までとさまざまで、自宅にいてボタンを押すだけで物が買えるのは魅力的だ。しかし、私はインターネットで買い物をするのは好きではない。商品を実際に、手にとって見ることができないので、配達されてくる商品が自分のイメージと違っていることもあるし、何より、顔の見えない相手に自分の住所や電話番号などを伝え、お金を払うのは不安だからだ。

（※1）普及：広く使われていること
（※2）商品：店などで売っているもの

26　この人は、なぜ、インターネットで買い物をするのは好きではないのか。
1　簡単なのでたくさん買いすぎてしまうから
2　知らない相手に自分の情報を伝えることはいやだから
3　どんな商品を買えばいいかイメージが浮かばないから
4　自宅でボタンを押すだけで商品が買えるのは便利だから

【4-4】
　不況（※1）が続いている日本では仕事を見つけるのが難しいため、北京や上海など、中国の都市に仕事を探しに行く日本人が増えているらしい。東京などで行われる中国就職説明会には、たくさんの人が集まる。中国の自動車会社や建設会社では、その業界で長く働いている経験のある人をほしがっていて、中国語ができる日本人の給料は約1万元（約15万円）だそうだ。しかし、中国で仕事を探す日本人の多くは25歳以下の若い人たちで、このような人たちは、＿＿＿A＿＿＿ようだ。

（※1）不況：経済の状態が悪いこと

27　＿＿＿A＿＿＿に入る文は、どれか。
1　中国語がとても上手でよく働くので、中国の会社では喜んでいる
2　中国の会社が希望する人と違うため、仕事を見つけることは簡単ではない
3　簡単に仕事が見つかるため、どんどん中国の会社で働くようになっている
4　中国の会社がほしがっている人と一致しているので、仕事がすぐに見つかる

問題5 つぎの文章を読んで、質問に答えなさい。答えは、1・2・3・4から最もよいものを一つえらびなさい。

【5-1】

　ここ数年、インフルエンザ(※1)などの流行によって、通学や通勤のときマスクをして出かける人が急激に(※2)増えた。このマスクが、最近とても変わってきていることにおどろく。

　一番おどろくのは、マスクの種類が増えたことだ。現在、薬屋やコンビニなどでは、さまざまな形のマスクが売られている。昔はマスクといえば一種類の決まった形しかなかったのだが、最近は、子供や、顔が小さい女性のためのマスクなど、いくつかの種類がある。また、マスクをするのを嫌がる子供のために、かわいい絵がついたマスクや、子供が好きな果物の香り(※3)のついたマスクなども作られている。さらに、おしゃれな女性に向けて、化粧がくずれにくい(※4)工夫がされたマスクや、色や模様がついたマスクなども開発されている。

　これから先、どんなマスクが登場するのか、楽しみだ。

（※1）インフルエンザ：伝染性の風邪
（※2）急激に：急に
（※3）香り：におい
（※4）化粧がくずれる：きれいにした化粧がとれてしまう

[28] 日本では、なぜここ数年マスクをする人が増えたのか。
1　通勤や通学に便利だから
2　マスクの種類が増えたから
3　悪い風邪などが流行したから
4　マスクをするのがおしゃれだから

[29] 最近は、どのように変わってきたと言っているか。
1　女性や子供もマスクをするようになった。
2　いろいろな形や大きさのマスクが売られるようになった。
3　マスクをすれば、悪い風邪が完全に防げるようになった。
4　おしゃれだからという理由でマスクをする人が出てきた。

30 現在、どのようなマスクが売られているのか。違っているものを選べ。

1 絵や模様がついたマスク
2 いいにおいのついたマスク
3 化粧をするときに使うマスク
4 今までのものより小さいマスク

【5-2】

「将来、どんな仕事がしたいか」という質問に、「かっこいいサッカー選手になりたい」「給料が高い医者になりたい」「有名な会社で働きたい」と答える子どもが多い。自分たちが毎日食べる米や野菜を作る農業に関心を持つ子は、ほとんどいない。

しかし、今、日本では新しい農業が始まっている。

現在、日本は食料の60％を外国に頼って(※1)いるが、環境や輸入問題などによって、将来は食料を外国から買うことが難しくなると考えられている。そこで、自動車や電子製品を作るハイテク(※2)を利用した、新しい農業が始まったのだ。ハイテク農業の工場では、米や野菜を育てるのに必要な光や水の量を多くしたり少なくしたりすることも、温度を同じにすることも、スイッチを押すだけで簡単にできる。

ハイテク農業なら、大変な作業をしないで米や野菜が育てられる。かっこよくてもうかる(※3)仕事にすれば、子どもたちも、将来、農業をやりたいと思うようになるだろう。

(※1) 頼る：助けてもらう
(※2) ハイテク：ハイ・テクノロジー(high technology)を短くした言葉、high-tech
(※3) もうかる：お金がたくさんもらえる

[31] 現在の日本の農業で、問題なのはどんなことか。
1 外国で作った米や野菜が日本に輸入できない。
2 子どもたちが日本で作った米や野菜を食べない。
3 農業を将来の仕事にしたいと思う子どもが少ない。
4 農業をする人が多くなって環境が悪くなっている。

[32] ハイテク農業のいい点はどんなところか。
1 天気を心配しないで米や野菜を作ることができる。
2 季節によって違う米や野菜を育てることができる。
3 光や水を使わないで米や野菜を作ることができる。
4 自動車工場を利用して米や野菜を育てることができる。

33 ハイテク農業の説明として、合っているものはどれか。

1 体を使って働かなくてもいい仕事
2 朝から夜まで外で働く大変な仕事
3 簡単で子どもたちに人気のある仕事
4 大変で疲れるけれど給料がいい仕事

問題6 つぎの文章を読んで、質問に答えなさい。答えは、1・2・3・4から最もよいものを一つえらびなさい。

　春は、あたたかくて気持ちのいい季節だ。サクラが咲いて美しいので、季節の中で一番好きだという人も多いだろう。春といえば、「サクラ」をすぐに思い浮かべるだろうが、①春は引っ越しの季節でもある。日本では春に新年度が始まる学校や会社が多く、その時期に合わせて引っ越しをするからだ。

　私たち家族も昨年の春に引っ越しをした。

　誰でもそうだと思うが、引っ越したところを好きになるまでには時間がかかる。気に入って引っ越したはずなのに、生活してみると予想もしていなかったような不満や後悔(※1)を感じるようになる。期待が大きければ大きいほど②その思いも大きい。実は、私もそうだった。でも、1年が過ぎた今、ここに来てよかったと思えるようになった。

　「どうすればその街が好きになるのか」をこれからお話ししよう。それは、③その街でのお気に入りを見つけることだ。本を読みながら何時間でも過ごせるコーヒーショップ、果物を使ったおいしいケーキが並べてある店、絵本がたくさん置いてある古本屋さん、おしゃれなベンチがある公園、などなど。休みの日にゆっくり街を歩いてみると、こんな素敵なところがあったんだという発見に驚く。新しい発見があると、街を歩くことが楽しくなり、お気に入りが増えていく。家族と歩くこともおすすめだ。一緒に歩く人がいれば、発見も楽しさも2倍になるだろう。そうすると、新しい街がどんどん好きになる。

（※1）後悔：後で残念に思う

[34] どうして①春は引っ越しの季節なのか。
1　学校や会社が始まる時期に合わせるから
2　あたたかくて引っ越ししやすい季節だから
3　新しいことをしたくなる季節だから
4　サクラが咲いてきれいな季節だから

| 35 | ②その思いとあるが、どんな思いか。
1 新しい街に行きたい
2 ここに来てよかった
3 こんなところは嫌だ
4 どんなところでも同じだ

| 36 | ③その街でのお気に入りを見つけるには、どうすればいいと言っているか。
1 休みの日に街をゆっくり歩く
2 コーヒーを飲みながら本を読む
3 街の古本屋で買った絵本を読む
4 街の公園でベンチに座ってみる

| 37 | この文章で、この人が言いたいことはどれか。
1 日本では、あたたかい春に引っ越しをするのがよい。
2 ケーキ屋さんや古本屋さんがある街に引っ越すべきだ。
3 家族と一緒に引っ越しをすれば、発見も楽しさも2倍になる。
4 引っ越してつらいと思ったら、好きなものを見つけるとよい。

모의테스트

언어지식(문법) · 독해

問題7 つぎの文章は、ヤンさんの旅行の希望と条件である。下の質問に答えなさい。答えは、1・2・3・4から最もよいものを一つえらびなさい。

ヤンさんは、バス旅行を利用して、熱海で梅を見たいと考えています。できれば、温泉にも入りたいと思っています。ヤンさんは仕事をしていますが、火曜日と日曜日が休みです。旅行の予算(※1)は、できるだけ安いほうがいいです。

（※1）予算：どのくらいのお金を使えるか

---

[38] ヤンさんは、（1）～（4）のうち、どれに参加するのが一番よいか。
1　（1）
2　（2）
3　（3）
4　（4）

[39] ヤンさんは、つぎのうちどの方法で申し込めばよいか。
1　インターネット
2　家の電話
3　携帯電話
4　旅行会社に行く

日帰りバスツアーのご案内
「熱海の梅を見に行こう！」＜昼食付き＞

☆日本で一番早く咲く梅が見られる梅園には、500本以上もの梅の木があります。
　そこで梅の花の美しさと香りを楽しみましょう。
☆いちご農園にていちごの食べ放題あり！
☆Aコースでは、海が見える温泉に入ることができます。

	行　程	出発日	料金	
A	新宿駅（7:15集合）⇒あたみ梅園（梅まつり見学）⇒(昼食)⇒いちご農園でいちご狩り（食べ放題）⇒熱海ベイホテル（温泉）⇒新宿駅（18:20解散(※1)）	1/25（月）	¥6,800	
		1/31（日）	¥8,200	(1)
		2/2（火）	¥6,800	(2)
B	新宿駅(7:15集合)⇒あたみ梅園（梅まつり見学）⇒（昼食）⇒いちご農園でいちご狩り（食べ放題）⇒買い物⇒新宿駅（16:50解散）	1/26（火）	¥5,300	(3)
		1/29（金）	¥5,300	
		1/30（土）	¥6,700	(4)

※添乗員が同行いたします。
※コース内の花の見頃は天気などの状況により前後する場合がございます。
　ご了承ください。
※バスの中は禁煙となっております。ご協力お願いいたします。

●最少催行人員：30人
●申し込み方法：このツアーはインターネット予約専用(※2)です。
　　　　　　　　下のボタンをクリックし、インターネットでお申し込みください。
　　　　　　　　電話(携帯電話含む)での申し込みは受け付けていません。

●問い合わせ先：ABC交通　東京支店
　　　　　　　　〒123-4567 東京都豊島区池袋 X-XX-X ABCビル1F

　　　　　>> ご予約はこちらから　[オンライン申し込み]

（※1）解散：何かが終わって、みんなが別れて帰ること
（※2）～専用：～だけのためのもの

模擬試験問題

N3

聴解
(40分)

もんだい
問題 1

問題1では、まず質問を聞いてください。それから話を聞いて、問題用紙の1から4の中から、正しい答えを一つ選んでください。

1番

1　カタログを　はこに　入れる
2　しりょうを　コピーする
3　はこを　送る
4　ひこうきを　よやくする

2番

ア　キュウリ 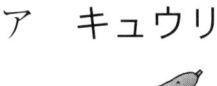　イ　しお 　ウ　たまご

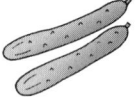  

エ　パイナップル　　　　オ　レタス

1　ア　ウ
2　イ　オ
3　ウ　エ
4　ウ　オ

3番

1 青い紙に 白いシール
2 青い紙に き色いリボン
3 赤い紙に 白いシール
4 赤い紙に き色いリボン

4番

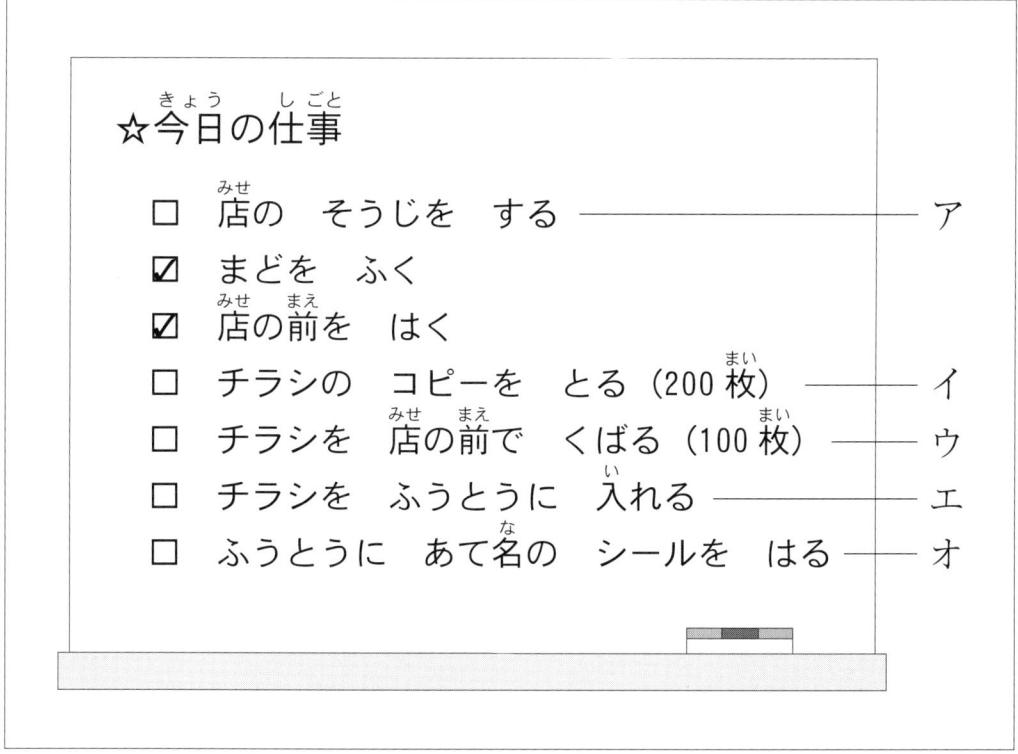

1 ア エ
2 イ ウ
3 ウ エ
4 ウ オ

5番

1　せんたくきを　止める
2　せんたく物を　ほす
3　花に　水を　やる
4　部屋を　かたづける

6番

1　じむしょに　お金を　持っていく
2　じむしょに　電話をする
3　じむしょに　もうしこみ書を　持っていく
4　じむしょに　もうしこみ書を　ファックスする

もんだい
問題2

問題2では、まず質問を聞いてください。そのあと、問題用紙を見てください。読む時間があります。それから話を聞いて、問題用紙の1から4の中から、正しい答えを一つ選んでください。

1番

1　運ぶのが　大変だから
2　値段が　高いから
3　種類が　少ないから
4　サービスが　よくないから

2番

1　みんなの集合写真
2　テニスをしている写真
3　山から見た景色の写真
4　旅館の料理の写真

3番

1　かお
2　えんぎ力
3　こえ
4　せいかく

4番

1 えいようの バランスが いいこと
2 ひき肉を 使っても いいこと
3 ろうじんも 子どもも 食べられること
4 ろうじんが 好きな やさしい味であること

5番

1 新しいマンション
2 アルバイト先
3 いま住んでいるところ
4 大学

6番

1 そうこの品物のせいり
2 売り場のたなのせいり
3 客の相手
4 レジ

問題3

問題3では、問題用紙に何も印刷されていません。まず話を聞いてください。それから、質問を聞いて、正しい答えを1から4の中から一つ選んでください。

― メモ ―

問題4

問題4では、絵を見ながら質問を聞いてください。それから、正しい答えを1から3の中から一つ選んでください。

1番

2番

3番

4番

もんだい
問題 5

　問題 5 では、問題用紙に何も印刷されていません。まず、文を聞いてください。それから、その返事を聞いて、1 から 3 の中から、正しい答えを一つ選んでください。

― メモ ―

N3 げんごちしき (もじ・ごい) かいとうようし

名前 / Name

問題 1

	1	2	3	4
1	①	②	③	④
2	①	②	③	④
3	①	②	③	④
4	①	②	③	④
5	①	②	③	④
6	①	②	③	④
7	①	②	③	④
8	①	②	③	④

問題 2

	1	2	3	4
9	①	②	③	④
10	①	②	③	④
11	①	②	③	④
12	①	②	③	④
13	①	②	③	④
14	①	②	③	④

問題 3

	1	2	3	4
15	①	②	③	④
16	①	②	③	④
17	①	②	③	④
18	①	②	③	④
19	①	②	③	④
20	①	②	③	④
21	①	②	③	④
22	①	②	③	④
23	①	②	③	④
24	①	②	③	④
25	①	②	③	④

問題 4

	1	2	3	4
26	①	②	③	④
27	①	②	③	④
28	①	②	③	④
29	①	②	③	④
30	①	②	③	④

問題 5

	1	2	3	4
31	①	②	③	④
32	①	②	③	④
33	①	②	③	④
34	①	②	③	④
35	①	②	③	④

N3 言語知識（文法）・読解　解答用紙

名前　Name

問題 1

	①	②	③	④
1	①	②	③	④
2	①	②	③	④
3	①	②	③	④
4	①	②	③	④
5	①	②	③	④
6	①	②	③	④
7	①	②	③	④
8	①	②	③	④
9	①	②	③	④
10	①	②	③	④
11	①	②	③	④
12	①	②	③	④
13	①	②	③	④

問題 2

	①	②	③	④
14	①	②	③	④
15	①	②	③	④
16	①	②	③	④
17	①	②	③	④
18	①	②	③	④

問題 3

	①	②	③	④
19	①	②	③	④
20	①	②	③	④
21	①	②	③	④
22	①	②	③	④
23	①	②	③	④

問題 4

	①	②	③	④
24	①	②	③	④
25	①	②	③	④
26	①	②	③	④
27	①	②	③	④

問題 5

	①	②	③	④
28	①	②	③	④
29	①	②	③	④
30	①	②	③	④
31	①	②	③	④
32	①	②	③	④
33	①	②	③	④

問題 6

	①	②	③	④
34	①	②	③	④
35	①	②	③	④
36	①	②	③	④
37	①	②	③	④

問題 7

	①	②	③	④
38	①	②	③	④
39	①	②	③	④

N3 聴解 解答用紙

名前 Name

問題 1

	①	②	③	④
1	①	②	③	④
2	①	②	③	④
3	①	②	③	④
4	①	②	③	④
5	①	②	③	④
6	①	②	③	④

問題 2

	①	②	③	④
1	①	②	③	④
2	①	②	③	④
3	①	②	③	④
4	①	②	③	④
5	①	②	③	④
6	①	②	③	④

問題 3

	①	②	③	④
1	①	②	③	④
2	①	②	③	④
3	①	②	③	④

問題 4

	①	②	③
1	①	②	③
2	①	②	③
3	①	②	③
4	①	②	③

問題 5

	①	②	③
1	①	②	③
2	①	②	③
3	①	②	③
4	①	②	③
5	①	②	③
6	①	②	③
7	①	②	③
8	①	②	③
9	①	②	③

모의테스트 정답

언어지식(문자・어휘)

問題1		問題2		問題3		問題4	
1	2	9	4	15	2	26	3
2	2	10	1	16	1	27	2
3	4	11	2	17	4	28	4
4	3	12	3	18	2	29	1
5	3	13	3	19	2	30	4
6	2	14	3	20	2	**問題5**	
7	1			21	1	31	1
8	3			22	4	32	3
				23	4	33	2
				24	3	34	2
				25	1	35	2

언어지식(문법)・독해

問題1		問題2		問題4		問題6	
1	4	14	1	24	3	34	1
2	3	15	4	25	3	35	2
3	1	16	1	26	1	36	3
4	2	17	2	27	4	37	4
5	3	18	1	**問題5**		**問題7**	
6	3	**問題3**		28	4	38	2
7	4	19	3	29	2	39	1
8	2	20	1	30	4		
9	2	21	3	31	3		
10	2	22	4	32	1		
11	3	23	1	33	2		
12	2						
13	1						

청해

問題1		問題2		問題3		問題5	
1	2	1	4	1	3	1	1
2	4	2	2	2	3	2	3
3	3	3	2	3	3	3	3
4	3	4	3	**問題4**		4	2
5	4	5	3	1	2	5	2
6	2	6	1	2	1	6	1
				3	3	7	2
				4	3	8	3
						9	1

모의테스트 번역

〈언어지식〉

문제1 밑줄 친 단어의 읽는 법으로 가장 알맞은 것을 1·2·3·4 중에서 하나 선택하시오.

1 매일 <u>독서</u>를 하고 있다.
   2 どくしょ

2 <u>공공</u>장소에서는 매너를 지켜 행동한다.
   2 こうきょう

3 그는 <u>대학원</u>에서 공부를 계속한다고 한다.
   4 だいがくいん

4 <u>출장</u>으로 남미에 가게 되었다.
   4 しゅっちょう

5 이것은 <u>진짜</u> 다이아몬드입니까?
   4 ほんもの

6 나는 권투가 <u>싫습</u>니다.
   2 きらい

7 다음주부터 <u>영업</u>시간이 연장됩니다.
   1 えいぎょう

8 그는 <u>항공</u>사에서 근무하고 있습니다.
   3 こうくう

문제2 밑줄 친 단어를 한자로 쓸 때 가장 알맞은 것을 1·2·3·4 중에서 하나 선택하시오.

9 내일은 도시락을 <u>지참</u>해 주십시오.
   4 持参

10 <u>저녁밥</u>을 먹고 나서 불꽃놀이를 보러 가자.
    1 夕飯

11 <u>기</u>회가 있다면 같이 골프를 칩시다.
    2 機会

12 저 나라에서는 경제가 <u>급속</u>하게 발전하고 있다.
    3 急速

13 전철이 홈에 <u>도착했</u>습니다.
    2 着き

14 그의 노력에는 <u>감탄</u>해버린다.
    3 感心

문제3 (　)에 넣기에 가장 적합한 말을 1·2·3·4 중에서 하나 선택하시오.

15 날씨가 좋으면 여기에서 후지산이 (　) 보입니다.
    1 푹   2 뚜렷하게
    3 딱   4 천천히

16 하늘이 어두워져, (　) 비가 내릴 듯합니다.
    1 당장에라도   2 방금
    3 마침   4 이어서

17 오늘의 발표는 (　) 말했다.
    1 자주   2 난처하게
    3 잘   4 나쁘게

18 이 부근은 자연에 둘러쌓여, 옛날부터 농업이 (　)했다.
    1 번성   2 여러 가지
    3 변화   4 풍부

19 역 앞의 슈퍼에 (　)나서 집에 돌아갑니다.
    1 사고   2 지나고   3 보고   4 들르고

20 길이 (　) 있기 때문인지, 버스가 좀처럼 오지 않는다.
    1 모여   2 붐벼   3 멈춰   4 헤매

21 저는 에도시대 사람들의 생활에 (　)가 있습니다.
    1 흥미   2 습관   3 취미   4 문화

22 다음달부터 전기 (　　)이 인상된다고 합니다.
　　1 가격　　2 가격　　3 물가　　4 요금

23 회의 내용을 오늘 중으로 부장님께 (　　)해 주십시오.
　　1 안내　　2 소개　　3 답변　　4 보고

24 영양 (　　)도 생각해서 도시락을 만들고 있습니다.
　　1 칼로리　　2 균형　　3 비타민　　4 메뉴

25 이 상점 (　　)에서는 100엔어치 살 때마다 스티커를 1장씩 받을 수 있다.
　　1 가　　2 동네　　3 거리　　4 길

문제4 밑줄 친 말의 의미와 가장 가까운 표현을 1·2·3·4 중에서 하나 선택하시오.

26 복사기를 <u>수리해</u> 주십시오.
　　1 내　　　　　2 사용해
　　3 고쳐　　　　4 가져

27 해외 여행에는 여권이 <u>필요합니다</u>.
　　1 있습니다　　2 필요합니다
　　3 보냅니다　　4 들어갑니다

28 다음 주에 있을 스포츠대회에는 가능한 한 <u>참가</u>해 주십시오.
　　1 보내　　　　2 걸어
　　3 부탁해　　　4 나와

29 설명서 대로 선반을 <u>조립해</u> 주십시오.
　　1 만들어　　　2 두어
　　3 세워　　　　4 모아

30 휴일은 <u>대부분</u> 집에서 느긋하게 쉽니다.
　　1 반드시　　　2 매우
　　3 분명히　　　4 거의

문제5 다음 어휘의 사용법이 가장 알맞은 것을 1·2·3·4 중에서 하나 선택하시오.

31 引っ越す (이사하다)
　　1 추위에 약해서 따뜻한 지방으로 이사할 생각입니다.
　　2 식사가 끝나면 바로 이사해서 마실까요?
　　3 전근을 가게 되어서 오사카 지사로 이사합니다.
　　4 다음달에 인사부에서 영업부로 이사합니다.

32 まじめ (성실, 착실한)
　　1 이 서류는 착실한 것이므로 소중히 다루어 주십시오.
　　2 이것은 회사 장래에 관계되는 성실한 문제이므로 임원회에서 이야기합시다.
　　3 스즈키 씨는 항상 책만 읽고 있어 성실해 보이는 사람이네요.
　　4 일본의 전철은 매우 성실합니다. 좀처럼 늦거나 하지 않습니다.

33 断る (거절하다)
　　1 강연을 부탁받았습니다만, 자신이 없어서 거절했습니다.
　　2 병을 거절하기 위해서는 올바른 식생활이 필요합니다.
　　3 물이 기름을 거절해서 섞을 수 없습니다.
　　4 나는 무엇을 해도 실패만 해서 이젠 인생을 거절했다.

34 壊れる (고장나다)
　　1 눈이 많이 와서 나무가 고장났다.
　　2 바람이 강해서 우산이 고장났다.
　　3 어떡하지? 이태리제 정장이 고장나버렸네.
　　4 왠지 머리가 고장난 것 같다. 지끈거린다.

35 とっくに (훨씬 전에)
　　1 오키나와에서 태어난 친구는 추운 것을 싫어하지만 훨씬 전에 이 추위에도 익숙해질 것이다.
　　2 그는 훨씬 전에 마흔을 넘겼어요. 이제 곧 쉰일지도 모르겠네요.
　　3 어젯밤 자고 있는데 지진이 일어나서 훨씬 전에 밖으로 뛰쳐나갔다.
　　4 계속 TV만 보고 있지 말고 훨씬 전에 공부하고 빨리 자거라.

〈언어지식 · 독해〉

문제1 다음 문장의 ( ) 안에 들어갈 가장 적당한 것을 1·2·3·4 중에서 하나 선택하시오.

1 어젯밤 술을 너무 많이 마신 아버지는 집에 도착( ) 현관에서 쓰러져 잠들어 버렸다.
  1 ~인 주제에 2 ~탓에
  3 ~는커녕   4 ~하자마자

2 한 두 번의 실패로 간단히 포기할 ( )는 아니다.
  1 ~뿐   2 ~할 리
  3 ~해야 할   4 ~정도

3 부장님이 ( ) 바로 그쪽으로 연락드리겠습니다.
  1 돌아오는대로   2 돌아오고나서 쭉
  3 돌아오자마자   4 돌아온 김에

4 선생님의 이 책 ( ) 주실 수 없겠습니까?
  1 읽게 해   2 읽혀져
  3 강제로 읽혀지게 해 4 읽으셔서

5 역 앞 빵집에서 항상 좋은 냄새가 나서 가게 앞을 지날 ( ) 무엇인가 사버린다.
  1 한편으로   2 ~건너
  3 ~때마다   4 ~한 끝에

6 이런 나쁜 성적으로는 취직하기( ), 졸업도 할 수 없을 지도 모른다.
  1 ~하는 바   2 ~할 터인데
  3 ~는커녕   4 ~해 보았자

7 존 씨의 작문은 틀린 한자 ( )라서 도저히 읽기 어렵다.
  1 ~기 십상   2 ~탓
  3 ~뿐   4 ~투성이

8 다나카 군은 누구에게 ( )도 친절해서 인기가 많다.
  1 즈음해서   2 대해서
  3 있어서   4 의해서

9 어제 일어난 큰 지진으로 jr( ) 지하철이나 버스 같은 교통기관이 전부 멈춰버렸다.
  1 ~을 비롯하여   2 ~을 대신하여
  3 ~에 걸쳐   4 ~을 계기로

10 그림을 잘 그리는 그녀에게는 화가( ) 가장 잘 맞는 일이라고 할 수 있다.
  1 ~야 말로   2 ~마저
  3 ~밖에   4 ~만

11 일본에 ( ) 전국을 여행하거나 일본문화를 체험하거나 이 나라에서만 할 수 있는 일을 하려고 한다.
  1 있으면서   2 있는 한편
  3 있는 동안 4 있는 덕분에

12 일본에서는 필요없어진 전기제품과 가구 등을 버리는 ( ) 돈이 든다.
  1 ~라서   2 ~하는 데
  3 ~만큼   4 ~하도록

13 그녀는 분명 부자일 거야. 갖고 있는 물건( ) 고급스럽다.
  1 ~부터   2 ~부터 말하면
  3 ~에 따르면   4 ~에 걸쳐서는

문제2 다음 문장의 ★ 에 들어갈 적당한 말을 1·2·3·4 중에서 하나 고르시오.

14 생일에 ____ ____ ★ ____ 요리를 해 주었다.
  (생일에 친구가 다 먹을 수 없을 정도의 요리를 해 주었다.)
  1 다 ~할 수 없는   2 먹어
  3 친구가   4 정도의

15 그레이엄 벨 ____ ____ ★ ____ 전화는 사람들의 생활에 없어서는 안 될 물건이 되었다.
  (그레이엄 벨에 의해 전화가 발명된 이래 전화는 사람들의 생활에 없어서는 안 될 물건이 되었다.)
  1 이래   2 전화가
  3 ~에 의해   4 발명되어

16 독감의 가장 좋은 예방법은 밖에서 돌아오면 양치나 손씻기를 ___ ___ ___ ★ ___.
(독감의 가장 좋은 예방법은 밖에서 돌아오면 양치나 손씻기를 반드시 하는 것이라고 한다.)

1 반드시   2 것이다
3 하는   4 ~라고 한다

17 미국으로 출장을 가기 때문에 ___ ___ ___ ★ ___ 은행에 갔다.
(미국으로 출장을 가기 때문에 일본엔을 달러로 바꾸기 위해 은행에 갔다.)

1 바꾸다   2 위해
3 달러로   4 일본엔을

18 전자화폐는 카드를 ___ ___ ★ ___ 현금을 사용하지 않고 지불할 수 있다.
(전자화폐는 카드를 기계에 가까이 대기만 하면 현금을 사용하지 않고 지불할 수 있다.)

1 ~만   2 기계에
3 하면   4 가까이 대기

문제3 다음 글을 읽고 19 에서 23 안에 들어갈 가장 알맞은 것을 1·2·3·4 중에서 하나 고르시오.

◆마이아사 신문 인생상담 코너의 투서

저는 광고회사에 근무하고 있습니다. 얼마 전에 4년간 사권 여자 친구에게서 '이제 당신과는 이걸로 끝이야'라는 말을 들었습니다. 19 아무것도 먹고 싶지 않고, 무엇을 할 힘도 없습니다.
20 지금 담당하고 있는 스폰서와 관계된 드라마 일로 머리가 터질 것 같아서 여자 친구와도 1달 이상이나 만나지 않았습니다. '다음 주는 시청률 20% 나올 수 있을까? 시청률이 떨어지면…….'하고 생각하기 시작하면 밤에도 못 자고 음식도 못 먹고 데이트 21 .
일에 휘둘리고 있는 이런 제가 22 . 아니 아니, 회사에 가도 전혀 의욕이 생기지 않고 머리가 아프거나 어지러워 집중하지 못하고 결국 중요한 서류를 잃어버려서 부장님께 혼나버렸습니다. 23 승진은 물론, 이 회사에서 계속 근무하는 것조차 위험한 것 아닐까 하고 완전히 낙심해 있습니다.

(※1) 시청률 : 하나의 TV프로그램을 몇 %의 사람이 보고 있는가를 조사한 숫자
(※2) 승진 : 회사 안에서의 지위가 오르는 것

19 1 이제부터는   2 그렇지 않아도
    3 이것으로 됐다 4 그때부터

20 1 사실은   2 먼저
    3 즉   4 곧

21 1 하고 있었습니다
    2 해서 즐거웠습니다
    3 할 상황이 아니었습니다
    4 할 생각은 없었습니다

22 1 매우 싫습니다
    2 매우 좋습니다
    3 도저히 불가능합니다
    4 멈추지 않습니다

23 1 이런 일로는   2 저런 일로는
    3 그런 일로는   4 어떠한 일로는

문제4 다음 글을 읽고 질문에 답하시오. 정답은 1·2·3·4 중에서 가장 알맞은 것을 하나 고르시오.

【4-1】

> 송신자 : 김연아
> 일　시 : 2010년 5월 1일 10:28
> 수신인 : 야마다 선생님
> 건　명 : 아르바이트에 대해서
>
> 야마다 선생님
>
> 안녕하세요. 김연아입니다.
> 메일 잘 보았습니다.
> 한국어 통역 아르바이트를 소개해 주셔서 감사합니다.
> 컴퓨터 만드는 공장을 안내하는 아르바이트라고 하셨는데요,
> 제 전공은 역사라서 컴퓨터 전문용어를 잘 모릅니다.
> 통역 일에는 흥미가 있어 하고 싶은 생각도 있습니다만, 이 일은 저에게는 무리가 아닐까 생각합니다.
> 소개해 주셨는데 죄송합니다.
>
> 또 기회가 있다면 꼭 소개해 주세요.
>
> 김연아

24 이 메일의 내용에 대해 올바른 것은 어느 것인가?
 1　야마다 선생님이 찾아준 아르바이트를 하고 싶다고 전했다.
 2　야마다 선생님에게 아르바이트를 소개해 달라고 부탁했다.
 3　야마다 선생님이 소개해 준 아르바이트는 할 수 없다고 거절했다.
 4　야마다 선생님에게 한국어 통역 아르바이트가 있는지 물었다.

【4-2】
　나라에 따라, 몇 살부터를 '성인'으로 생각하는가에는 차이가 있다. 일본 법률에서는 현재, 20세부터가 성인으로 정해져 있으나 세계적으로는 소수(파)이다. 미국, 영국, 프랑스 등 구미 나라들을 비롯해 러시아, 중국 등이 성인연령을 18세로 하고 있다. 일본에서도 18세라는 연령은 고등학교를 졸업하고 취직하는 사람이 많이 나오는 연령, 자동차 운전면허를 딸 수 있는 연령이기도 하며 결혼도 가능하게 되는 연령이라는 사실로부터, 성인의 연령을 20세에서 18세로 낮춰도 되지 않느냐는 의견도 나오고 있다.

(※1) 면허 : 어떠한 일을 해도 좋다고 정부 등으로부터 인정받는 일
(※2) 가능 : 할 수 있음

25 위 글의 내용에 대해 올바른 것은 어느 것인가?
 1　현재 일본의 성인연령과, 중국이나 러시아의 성인연령은 같다.
 2　세계 어느 나라에서도 성인연령을 낮춰야 한다는 의견이 나오고 있다.
 3　일본에서는 현재, 20세가 되지 않으면 결혼하거나 취직하는 일은 할 수 없다.
 4　세계적으로는 성인연령을 20세로 정한 나라는 18세로 정한 나라보다 적다.

【4-3】
　요즘 컴퓨터나 휴대 전화가 보급되어, 인터넷으로 쇼핑을 하는 사람이 늘고 있다. 살 수 있는 상품도 책이나 잡지, 옷, 먹거리를 비롯해 애완동물이나 자동차, 집까지 가지각색으로, 자택에서 버튼만 누르면 물건을 살 수 있는 점은 매력적이다. 그러나, 나는 <u>인터넷으로 쇼핑을 하는 것은 좋아하지 않는다</u>. 상품을 실제로 손으로 집어 볼 수 없어서 배달되어 오는 상품이 자신의 생각과 다른 경우도 있고, 무엇보다 얼굴이 보이지 않는 상대방에게 자신의 주소나 전화번호 등을 전달하고 돈을 지불하는 것은 불안하기 때문이다.

(※1) 보급 : 널리 사용됨
(※2) 상품 : 가게 등에서 파는 것

26 이 사람은 왜 <u>인터넷으로 쇼핑을 하는 것은 좋아하지 않는다</u>는 것일까?
 1　간단해서 너무 많이 사버리게 되므로
 2　모르는 상대방에게 자신의 정보를 전달하는 것은 싫어서
 3　어떤 상품을 사면 좋을지 이미지가 떠오르지 않아서

4 자택에서 버튼만 누르면 상품을 살 수 있는 것은 편리하므로

【4-4】
　불황이 계속되고 있는 일본에서는 일을 찾는 것이 어려워서 베이징이나 상하이 등 중국의 도시로 일을 찾으러 가는 일본인이 늘어나고 있는 듯하다. 도쿄 등에서 열리는 중국 취업설명회에는 많은 사람이 모인다. 중국의 자동차 회사나 건설회사에서는 그 업계에서 오랫동안 일해 온 경험이 있는 사람을 원하고 있어, 중국어가 가능한 일본인의 급료는 약 만 위안(약 15만 엔)이라고 한다. 하지만 중국에서 일을 찾는 일본인의 대다수는 25세 이하의 젊은이들로, 이러한 사람들은 ＿＿A＿＿ 듯 하다.

(※1) 불황 : 경제 상태가 나쁨

27 ＿＿A＿＿에 들어갈 문장은 어느 것인가?
　1 중국어를 매우 잘하며 일을 잘해서 중국의 회사에서는 좋아하는
　2 중국의 회사가 희망하는 사람과 달라서 일을 찾는 것은 간단하지 않은
　3 간단하게 일을 찾을 수 있어 점점 중국의 회사에서 일하게 되는
　4 중국의 회사가 원하는 사람과 일치해서 일을 바로 찾는

문제5 다음 글을 읽고 질문에 답하시오. 정답은 1·2·3·4 중에서 가장 알맞은 것을 하나 고르시오.

【5-1】
　최근 몇 년간 독감 등의 유행으로 통학이나 통근 시 마스크를 하고 외출하는 사람이 급격히 늘었다. 이 마스크가 최근 매우 변해 있다는 사실에 놀랐다.
　가장 놀라운 것은 마스크의 종류가 늘었다는 것이다. 현재 약국이나 편의점 등에서는 여러 가지 모양의 마스크가 팔리고 있다. 옛날에는 마스크라고 하면 한 종류로 정해진 모양밖에 없었으나 요즘에는 어린이나 얼굴이 작은 여성을 위한 마스크 등 몇 가지 종류가 있다. 또, 마스크 하는 것을 싫어하는 어린이를 위해 귀여운 그림이 들어간 마스크나 어린이가 좋아하는 과일 향이 들어간 마스크 등도 만들어지고 있다. 게다가 멋쟁이 여성을 겨냥해 화장이 잘 지워지지 않게 고안된 마스크나 색과 무늬가 들어간 마스크 등도 개발되고 있다.
　앞으로 어떤 마스크가 등장할지 기대된다.

(※1) 독감 : 전염성 감기
(※2) 급격히 : 갑자기
(※3) 향 : 냄새
(※4) 화장이 지워지다 : 예쁘게 한 화장이 벗겨지다

28 일본에서는 왜 최근 수 년간 마스크를 하는 사람이 늘었는가?
　1 통근이나 통학하기에 편리하므로
　2 마스크의 종류가 늘었으므로
　3 나쁜 감기 등이 유행했으므로
　4 마스크를 하는 것이 멋이므로

29 요즘에는 어떻게 변했다고 말하고 있는가?
　1 여성이나 어린이도 마스크를 하게 됐다.
　2 여러 가지 모양과 크기의 마스크가 팔리게 됐다.
　3 마스크를 하면 나쁜 감기를 완전히 예방할 수 있게 됐다.
　4 멋내기 위한 이유로 마스크를 하는 사람이 나타났다.

30 현재 어떠한 마스크가 팔리고 있는가? 틀린 것을 고르시오.
　1 그림이나 무늬가 들어간 마스크
　2 좋은 냄새가 나는 마스크
　3 화장을 할 때 사용하는 마스크
　4 지금까지의 것보다 작은 마스크

【5-2】
　'장래에 어떤 일이 하고 싶은가?'라는 질문에 '멋있는 축구 선수가 되고 싶다', '급여가 많은 의사가 되고 싶다', '유명한 회사에서 일하고 싶다'라고 대답하는 어린이가 많다. 자신들이 매일 먹는 쌀과 채소를 짓는 농업에 관심을 갖는 아이는 거의 없다.
　그러나, 지금 일본에서는 새로운 농업이 시작되고 있다.
　현재 일본은 식료의 60%를 외국에 의지하고 있으나, 환경이나 수입문제 등에 의해 장래에는 식료를 외국에서 사는 일이 힘들어질 것으로 생각되고 있다. 거기서 자동차나 전자제품을 만드는 하이테크를 이용한 새로운 농업

이 시작된 것이다. 하이테크 농업의 공장에서는 쌀과 채소를 키우는 데 필요한 빛과 물의 양을 많거나 적게 하는 일, 온도를 같게 하는 일도 스위치만 누르면 간단하게 할 수 있다.

하이테크 농업이라면 힘든 작업을 하지 않고 쌀과 채소를 키울 수 있다. 멋있고 돈을 많이 버는 일로 만들면 아이들도 장래에 농업을 하고 싶어하게 될 것이다.

(※1) 의지하다 : 도움을 받다
(※2) 하이테크 : 하이테크놀로지를 짧게 축약한 말
(※3) 벌이가 되다 : 돈을 많이 벌 수 있다

31 현재 일본의 농업에서 문제인 것은 어떤 것인가?
1 외국에서 만든 쌀과 채소가 일본에 수입되지 않는다.
2 아이들이 일본에서 만든 쌀과 채소를 먹지 않는다.
3 장래에 농업을 하고 싶어하는 어린이가 적다.
4 농업을 하는 사람이 많아져 환경이 나빠졌다.

32 하이테크 농업의 좋은 점은 어떤 점인가?
1 날씨를 걱정하지 않고 쌀과 채소를 지을 수 있다.
2 계절에 따라 다른 쌀과 채소를 키울 수 있다.
3 빛과 물을 사용하지 않고 쌀과 채소를 지을 수 있다.
4 자동차공장을 이용해서 쌀과 채소를 키울 수 있다.

33 하이테크 농업의 설명으로서 맞는 것은 어느 것인가?
1 몸을 써서 일하지 않아도 되는 일
2 아침부터 밤까지 밖에서 일하는 힘든 일
3 간단해서 어린이들에게 인기가 많은 일
4 힘들고 지치지만 급료가 많은 일

문제6 다음 글을 읽고 질문에 답하시오. 정답은 1·2·3·4 중에서 가장 알맞은 것을 하나 고르시오.

봄은 따뜻해서 기분 좋은 계절이다. 벚꽃이 피어 아름답기에 사계 중에서 가장 좋아한다는 사람도 많을 것이다. 봄 하면 '벚꽃'을 바로 떠올리겠지만 ①봄은 이사의 계절이기도 하다. 일본에서는 봄에 신년도가 시작되는 학교와 회사가 많아, 그 시기에 맞춰 이사를 하기 때문이다.

우리 가족도 작년 봄에 이사를 했다.

누구라도 그렇겠지만, 이사한 곳을 좋아하게 되기까지는 시간이 걸린다. 마음에 들어 이사했을 터인데, 생활해 보면 예상하지 못했던 불만이나 후회를 느끼게 된다. 기대가 크면 클수록 ②그 생각도 크다. 실은 나도 그랬다. 그렇지만 1년이 지난 지금 여기에 오길 잘했다고 생각하게 되었다.

'어떻게 하면 그 동네가 좋아지게 될까?'를 지금부터 이야기해보자. 그것은 ③그 동네에서 마음에 드는 것을 발견하는 것이다. 책을 읽으며 몇 시간이라도 보낼 수 있는 커피숍, 과일을 사용한 맛있는 케이크가 진열되어 있는 가게, 그림책이 많이 놓여 있는 고서점, 멋진 벤치가 있는 공원 등. 휴일에 느긋하게 동네를 다녀보면 이런 멋진 곳이 있었구나 하는 발견에 놀란다. 새로운 발견이 있으면 동네를 걷는 일이 즐거워져 마음에 드는 것이 늘어간다. 가족과 걷는 것도 추천한다. 함께 걷는 사람이 있으면 발견도 즐거움도 두 배가 될 것이다. 그렇게 하면 새로운 동네가 점점 좋아진다.

(※1) 후회 : 나중에 아쉽게 생각함

34 왜 ①봄은 이사의 계절인가?
1 학교와 회사가 시작되는 시기에 맞추므로
2 따뜻해서 이사하기 쉬운 계절이므로
3 새로운 일을 하고 싶어지는 계절이므로
4 벚꽃이 피어 아름다운 계절이므로

35 ②그 생각이라는 것은 어떤 생각인가?
1 새로운 동네로 가고 싶다.
2 여기에 오길 잘했다.
3 이런 곳은 싫다.
4 어떤 곳이라도 똑같다.

36 ③그 동네에서 마음에 드는 것을 발견하기 위해서는 어떻게 하면 된다고 말하고 있는가?
1 휴일에 동네를 느긋하게 걷는다.
2 커피를 마시면서 책을 읽는다.
3 동네의 고서점에서 산 그림책을 본다.
4 동네 공원에서 벤치에 앉아본다.

37 이 글에서 이 사람이 말하고 싶은 것은 어느 것인가?
1 일본에서는 따뜻한 봄에 이사를 하는 것이 좋다.
2 케이크 가게나 고서점이 있는 동네로 이사해야 한다.

3 가족과 함께 이사를 하면, 발견도 즐거움도 두 배가 된다.
4 이사해서 괴롭다면 좋아하는 것을 발견하면 된다.

문제7 다음 글은 양 씨의 여행 희망과 조건이다. 아래의 질문에 답하시오. 정답은 1·2·3·4 중에서 가장 알맞은 것을 하나 고르시오.

> 양 씨는 버스 여행을 이용해 아타미에서 매화나무를 구경하고 싶습니다.
> 가능하면 온천에도 가고 싶습니다. 양 씨는 일을 하고 있습니다만, 화요일과 일요일이 휴무입니다. 여행 예산은 가능한 한 저렴한 쪽이 좋습니다.
>
> (※1) 예산 : 얼마 정도의 돈을 쓸 수 있는가

[38] 양 씨는 (1)~(4) 중에서 어느 것에 참가하는 것이 가장 좋은가?
1 (1)
2 (2)
3 (3)
4 (4)

[39] 양 씨는 다음 중 어느 방법으로 신청하면 되는가?
1 인터넷
2 집 전화
3 휴대 전화
4 여행사에 간다

당일치기 버스투어 안내
아타미의 매화나무를 보러 가자! 〈중식 제공〉

☆일본에서 가장 일찍 피는 매화나무를 볼 수 있는 매화원에는 500그루 이상의 매화나무가 있습니다. 거기서 매화나무 꽃의 아름다움과 향기를 즐깁시다.
☆딸기 농원에서 딸기 마음껏 먹기!
☆A코스에서는 바다가 보이는 온천에 들어갈 수 있습니다.

	여정	출발일	요금	
A	신주쿠 역(7:15 집합) ⇒ 아타미 매화원(매화나무축제 견학) ⇒ (중식) ⇒ 딸기 농원에서 딸기 따기(마음껏 먹기) ⇒ 아타미베이 호텔(온천) ⇒ 신주쿠 역(18:20 해산)	1/25(月)	¥6,800	
		1/31(日)	¥8,200	(1)
		2/2(火)	¥6,800	(2)
B	신주쿠 역(7:15 집합) ⇒ 아타미 매화원(매화나무축제 견학) ⇒ (중식) ⇒ 딸기 농원에서 딸기 따기 (마음껏 먹기) ⇒ 쇼핑 ⇒ 신주쿠 역(16:50 해산)	1/26(火)	¥5,300	(3)
		1/29(金)	¥5,300	
		1/30(土)	¥6,700	(4)

※직원이 동행합니다.
※코스 내의 꽃구경 하기에 가장 좋은 시기는 날씨 등의 상황에 의해 바뀌는 경우가 있습니다. 양해 부탁 드립니다.
※버스 안은 금연입니다. 협조 부탁드립니다.
- **최소 인원** : 30명
- **신청방법** : 이 투어는 인터넷 예약 전용입니다.
  아래의 버튼을 클릭하여 인터넷으로 신청해주세요.
  전화(휴대 전화 포함)로는 신청을 받지 않습니다.

- **문의처** : ABC교통 도쿄지점
  우편번호 123-4567 도쿄도 도시마구 이케부쿠로 X-XX-X ABC빌딩 1층
  ≫예약은 이쪽에서 [온라인 신청]

(※1) 해산 : 무언가가 끝나서 모두가 헤어져 돌아가는 것
(※2) ~전용 : ~만을 위한 것

모의테스트 청해 스크립트 및 번역

問題 1 🔊 3-02

1番 ──────────────── 🔊 3-03

会社で、男の人と女の人が出張の準備をしています。女の人は、このあと、何をしますか。

F：中村さん、出張の準備ですか。手伝いますよ。
M：ああ、助かるよ。向こうで使うものがいろいろあるから、先に送っとこうと思ってね。
F：この箱で送るんですね。えっと、このカタログと資料も入れますか。
M：ああ、カタログはもう入れたから、それは余った分なんだ。でも、資料はそれじゃ足りないから、あと30部コピーしなくちゃ。
F：あ、じゃあ、やりますよ。
M：ありがとう。あっ、そうだ、あと飛行機のチケットだ。早く取らなきゃ。
F：予約、しましょうか？
M：いや、それは自分でするよ。それより、この箱、お願いできるかな。全部入れ終わったら、ここに置いといてくれればいいから。
F：はい、やっておきます。

女の人は、このあと、何をしますか。

회사에서 남자와 여자가 출장 준비를 하고 있습니다. 여자는 이후, 무엇을 합니까?

F：나카무라 씨, 출장 준비하세요? 도와드릴게요.
M：아, 고마워. 출장지에서 쓸 게 많아서 먼저 보내놓으려고.
F：이 상자로 보내는 거군요. 이 카탈로그와 자료도 넣을까요?
M：아, 카탈로그는 이미 넣었으니까 그건 남은 거야. 그래도 자료는 그걸로는 부족하니 30부 더 복사해야겠군.
F：아, 그럼 제가 할게요.
M：고마워, 아, 맞다. 그리고 비행기 티켓 빨리 예약해야겠네.
F：예약할까요?
M：아니, 그건 내가 할게. 그보다 이 상자 좀 부탁해도 될까? 다 넣으면 여기에 놔두면 돼.
F：네, 해둘게요.

여자는 이후에 무엇을 합니까?

2番 ──────────────── 🔊 3-04

息子と母親が電話で話しています。息子は、次に行く店で、何を買わなければなりませんか。

M：あ、もしもし、お母さん？今、スーパーだけど、頼まれたもの全然ないよ。
F：え、全然って、全部？
M：ええと、レタスと卵は売り切れちゃってて、パイナップルは缶詰しかない。
F：あら、そう。じゃあ、パイナップルは缶詰でいいわ。ほかのものはどう？ キュウリとか、塩とか。
M：あ、塩はあるよ。だけどキュウリはなかった。
F：そうなの。じゃあ、キュウリは、まだ1本残ってるから買わなくていいわ。その店にあるものは買って、残りは、ほかの店で探してみてよ。
M：えー、もう1軒行くの？
F：どうしてもいるから、お願い。

息子は、次に行く店で、何を買わなければなりませんか。

아들과 엄마가 전화로 이야기하고 있습니다. 아들은 다음에 갈 가게에서 무엇을 사야 합니까?

M：아, 여보세요. 엄마? 지금 슈퍼인데 부탁 받은 게 전혀 없어.

모의테스트 청해 스크립트 및 번역

F : 전혀라니, 전부?
M : 양상추랑 계란은 다 팔려버렸고 파인애플은 통조림밖에 없어.
F : 어머, 그래? 그럼, 파인애플은 통조림도 괜찮아. 다른 건 어때? 오이라든가 소금이라든가.
M : 아, 소금은 있어. 하지만 오이는 없었어.
F : 그래? 그럼, 오이는 아직 1개 남아있으니까 사지 않아도 돼. 그 가게에 있는 것은 사고 나머지는 다른 가게에서 찾아봐.
M : 에이~ 한 군데 더 가라고?
F : 꼭 필요하니까 부탁해.

아들은 다음에 갈 가게에서 무엇을 사야 합니까?

3番 ────────── 3-05

店で、客の男の人と店員が話しています。女の人は、どのように包みますか。

M : これ、プレゼント用に包んでもらえますか。
F : はい。包装紙は、こちらの赤と青がありますが、どちらになさいますか。
M : 青いのでお願いします。
F : はい。リボンは、こちらの黄色いものか、または、この白いリボンの形のシールがございますが。
M : へえ、かわいいシールですね。でも、青に白だと、さびしいかな。
F : そうですね、赤い包装紙だと、明るく見えるんですけどね。
M : でも、紙は青のほうがいいな。だからそっちでお願いします。

女の人は、どのように包みますか。

가게에서 남자 손님과 점원이 이야기하고 있습니다. 여자는 어떻게 포장합니까?

M : 이거, 선물용으로 포장해 주실 수 있습니까?
F : 네, 포장지는 이쪽의 빨강과 파랑이 있습니다만, 어느 쪽으로 하시겠습니까?
M : 파랑으로 부탁합니다.
F : 네, 리본은 이쪽의 노란색이나 또는 이 흰색 리본 모양의 스티커가 있습니다만.
M : 예쁜 스티커네요. 하지만 파랑에 흰색은 썰렁

해 보이려나?
F : 그렇네요. 빨강 포장지라면 밝아보이지만요.
M : 그래도 포장지는 파랑쪽이 좋겠군. 그러니까 그걸로 부탁합니다.

여자는 어떻게 포장합니까?

4番 ────────── 3-06

新しい店の開店準備をしています。女の人が、今日する仕事は、何ですか。

F : 店長、今日は何をすればいいでしょうか。
M : あ、そこのボードに書いてあるから見て。終わった分にはチェックが入ってるから。開店の案内の手紙は今日中に出したいんだ。
F : はい、じゃあ、掃除から始めますね。
M : 掃除はさっき田中君がやってくれたよ。あれ、チェックするの忘れてるな。なんだ、封筒のシール張りも終わってるじゃないか。
F : あ、ほんとだ、これですね。ええと、あれ、コピーももうできているみたいだから、じゃあ、あとは封筒に入れればいいんですね。
M : ああ、でも、それは夕方まででいいから、先に外でやる仕事をして、それから、店の中でできる仕事をしてくれるかな。
F : はい、わかりました。

女の人が、今日する仕事は、何ですか。

새 가게의 개점 준비를 하고 있습니다. 여자가 오늘 할 일은 무엇입니까?

F : 점장님, 오늘은 무엇을 하면 될까요?
M : 아, 거기 보드에 적혀 있으니까 봐. 끝난 일에는 체크가 되어 있으니까. 개점안내 편지는 오늘 중으로 보냈으면 해.
F : 네, 그럼 청소부터 시작할게요.
M : 청소는 아까 다나카가 해줬어. 어라? 체크하는 걸 잊었군. 뭐야, 봉투의 스티커 붙이기도

89

끝났잖아.
F : 아, 정말이네? 이거네요. 어라? 복사도 이미 된 것 같으니 그럼 나머지는 봉투에 넣으면 되겠네요.
M : 아, 그렇지만 그건 저녁까지 해도 되니까 먼저 밖에서 하는 일을 하고 그러고나서 가게 안에서 할 수 있는 일을 해주지 않을래?
F : 네, 알겠습니다.

여자가 오늘 할 일은 무엇입니까?

5番 — 3-07

母親が、小学生の息子に話しています。母親は、最初に何をするように言っていますか。

F : ねえ、たけし。ちょっと手伝ってもらえる？
M : えー、何するの？ このテレビ見てるんだけど。
F : 今、洗濯してるから、洗濯機が止まったら干してほしいのよ。
M : ああ、それならいいよ。止まったらね。
F : それと、庭の花に水をやってちょうだい。それからたけしの部屋、本やゲーム出したままになってるでしょ。すぐ片づけなさい。
M : そんなにいろいろ、一度にできないよ。
F : じゃあ、まず自分のことからね。それはすぐにできるでしょ。それから、庭と洗濯物、お願い。
M : もう、テレビ、見たかったんだけどなあ。

母親は、最初に何をするように言っていますか。

엄마가 초등학생 아들에게 이야기하고 있습니다. 엄마는 처음에 무엇을 하라고 합니까?

F : 저기, 다케시, 좀 도와줄래?
M : 뭐하는데? 지금 TV 보고 있는데.
F : 지금 빨래하고 있으니까 세탁기가 멈추면 널어줘.
M : 아. 그거라면 좋아. 멈추면이지?
F : 그거랑 정원의 꽃에 물을 주렴. 그러고나서 다케시의 방, 책이랑 게임 꺼내놓은 채로 있지? 바로 정리하도록 해.
M : 그렇게 여러 가지 일 한 번에 못해.
F : 그럼 먼저 네 일부터 해. 그건 바로 할 수 있지? 그러고나서 정원과 세탁물을 부탁해.
M : 뭐야~ 텔레비전 보고 싶었는데.

엄마는 처음에 무엇을 하라고 합니까?

6番 — 3-08

テニスサークルの人が話しています。男の人は、最初に何をしますか。

M : 10日の練習だけど、もうコート予約した？
F : まだなんだ。申込書は書いてあるんだけど、ちょっと忙しくて。
M : じゃあそれ、僕やろうか。ファックスで送ればいいんでしょ？
F : ううん、直接、事務所に持ってかなくちゃいけないのよ。そのときに予約のお金も払うんだけど、頼んでいい？
M : この申込書だね。いいよ。
F : ただ、行く前に電話して、10日が空いてるかどうか確かめたほうがいいと思う。
M : あ、そうだよね。その日が空いてないんじゃ事務所まで行っても無駄になるもんね。わかった。じゃあ、予約しとくね。
F : ありがとう。

男の人は、最初に、何をしますか。

테니스부 부원이 이야기하고 있습니다. 남자는 처음에 무엇을 합니까?

M : 10일날 하는 연습말인데, 코트 벌써 예약했어?
F : 아직이야. 신청서는 써놨는데 좀 바빠서.
M : 그럼 그거 내가 할까? 팩스로 보내면 되는 거지?
F : 아니, 직접 사무소에 가져가야 해. 그때 예약금도 내는데 부탁해도 돼?

M : 이 신청서지? 좋아.
F : 단, 가기 전에 전화해서 10일이 비어있는지 확인하는 편이 좋을 거야.
M : 아, 그렇지. 그날이 비어있지 않으면 사무소까지 가도 소용이 없을 테니. 그럼 예약해둘게.
F : 고마워.

남자는 처음에 무엇을 합니까?

問題2 3-09
1番 3-10

夫婦が、新しいテレビを買おうと相談しています。サトウ電器で買わないのはどうしてですか。

M : 今日、電器屋でテレビ見てきたよ。
F : いいのあった?
M : うん。サトウ電器がいちばん安かった。種類も多いしね。山本電器は、同じものでも、少し高いんだ。
F : そうか。やっぱり、安いほうがいいよね。
M : うん、そりゃあね。でも、サトウ電器は、自分で持って帰ってこないといけないんだよ。運ぶの、大変かも。
F : うーん、でも、まあ、車で行けば、それは大丈夫でしょ。ただ、あそこは、サービスがちょっとね。なかなか修理に来てくれなくて、困ったことがあるから。
M : じゃあ、少し高くてもいいから、山本電器で買おうか。

サトウ電器で買わないのはどうしてですか。

부부가 새 텔레비전을 사려고 상의하고 있습니다. 사토 전기에서 사지 않는 것은 왜입니까?

M : 오늘 가전제품 매장에서 텔레비전 보고 왔어.
F : 좋은 거 있었어?
M : 응, 사토 전기가 제일 쌌어, 종류도 많고. 야마모토 전기는 같은 물건이라도 조금 비싸.
F : 그래? 역시 싼 쪽이 좋겠지?
M : 응, 그건 그렇지. 그래도 사토 전기는 직접 들고 와야 해. 나르기가 힘들지도 몰라.

F : 음, 그래도 뭐 차를 갖고 가면 그건 괜찮지. 단지 거기는 서비스가 좀…… 좀처럼 수리하러 와주지 않아서 곤란했던 때가 있어서.
M : 그럼, 조금 비싸도 괜찮으니 야마모토 전기에서 살까?

사토 전기에서 사지 않는 것은 왜입니까?

2番 3-11

サークルの仲間が話しています。女の人は、どの写真が一番いいと言っていますか。

F : あ、田中君。この間の旅行の写真できたよ。
M : あ、見せて見せて。へえ、よく撮れてるね。
F : 楽しかったね。
M : そうだね。あ、この山から見た景色、きれいだったよなあ。
F : うん。登るのは、結構大変だったけどね。それにほら、この旅館もよかったよね。料理もおいしかったし。
M : あ、これテニスしたときのだ。面白かったなあ。
F : そうそう。田中君、あんまり上手じゃなかったけどね。それ、結構、かっこよく撮れてるでしょ。一番いいんじゃない?
M : はは、そうかな。あ、この集合写真もいいね。うわ、山下のやつ、すっごい笑ってる。
F : ほんとだ。やっぱり、みんなで行くと楽しいよね。

女の人は、どの写真が一番いいと言っていますか。

서클 친구끼리 이야기하고 있습니다. 여자는 어느 사진이 제일 좋다고 말합니까?

F : 아, 다나카, 요전에 갔던 여행사진 나왔어.
M : 아, 보여줘 보여줘. 와~ 잘 나왔네.
F : 참 즐거웠었지.

M : 맞아. 아, 이 산에서 본 풍경, 아름다웠어.
F : 응, 올라가는 건 꽤 힘들었지만 말이야. 게다가 봐, 이 료칸도 좋았잖아. 요리도 맛있었고.
M : 아, 이거 테니스 쳤을 때다. 재미있었지.
F : 맞아 맞아, 다나카는 그다지 잘치지 못했지만 말이야. 그거 꽤 멋있게 찍혔지? 제일 괜찮지 않아?
M : 하하, 그런가? 아, 이 단체사진도 괜찮네. 우와~ 야마시타 녀석 활짝 웃고 있어.
F : 진짜네? 역시 여럿이 가면 즐거워.

여자는 어느 사진이 제일 좋다고 말합니까?

3番 ────────── 3-12

映画監督が、ある俳優について話しています。この俳優の一番いいところは、どこだと言っていますか。

M : この人は、女性にとても人気がありますね。背が高くてハンサムなので、その顔やスタイルに憧れる女性は多いようです。私も何度か一緒に仕事をしましたが、親しみやすい性格だという点も、人気の理由でしょう。それに、彼は演技力もすばらしいですね。医者の役をやっても、会社員の役をやっても、農家の青年の役をやっても、本当にその仕事を前からしていたのかと思うくらい上手です。
　私は、その演技力を支えているのは、彼の声だと思っています。彼の声は、落ち着いていて聞きやすい。そのため、どの役をやっても、その人の気持ちが、しっかりと、私たちの心に伝わってくるんです。私は、彼のこの点を、高く評価しています。

この俳優の一番いいところは、どこだと言っていますか。

영화감독이 어느 배우에 대해 이야기하고 있습니다. 이 배우의 가장 좋은 점은 무엇이라고 말하고 있습니까?

M : 이 사람은 여성에게 매우 인기가 있지요. 키가 크고 잘생겨서 그의 얼굴이나 스타일을 동경하는 여성이 많은 듯합니다. 나도 몇 번인가 함께 일을 했습니다만, 친해지기 쉬운 성격이라는 점도 인기의 이유겠지요. 게다가 그는 연기력도 훌륭합니다. 의사 역할을 해도 회사원 역할을 해도 농촌 청년 역할을 해도 정말 그 일을 전부터 하고 있었나 싶을 정도로 능숙합니다.
　나는 그 연기력을 받쳐주고 있는 것은 그의 목소리라고 생각합니다. 그의 목소리는 차분해서 듣기 좋습니다. 그 덕분에 어떤 역할을 해도 그 사람의 감정이 확실히 우리의 마음에 전해져 옵니다. 나는 그의 이런 점을 높이 평가하고 있습니다.

이 배우의 가장 좋은 점은 무엇이라고 말하고 있습니까?

4番 ────────── 3-13

テレビ番組で料理を作っています。この料理の、一番いい点は何ですか。

M : 今日は、家族みんなで食べられるお料理です。肉と野菜を使って、栄養のバランスを考えています。では先生、お願いします。
F : はい。まず、お肉と野菜ですが、どちらも、食べやすい大きさに切ってください。
M : 食べやすい大きさというのは。
F : 一口で食べられる大きさですね。特にお肉は、かみきれないといけないので、小さくしてください。歯が弱いお年寄りのためには、ひき肉を使ってもいいですよ。
M : ああ、そうですね。
F : 小さいお子さんからお年寄りまで、家族みんなで、一緒に食べられるというのが、この料理のいいところなんです。十分火を通して、軟らかくしてください。野菜の甘みが出て、やさしい味になりますよ。

この料理の、一番いい点は何ですか。

텔레비전 프로그램에서 요리를 만들고 있습니다. 이 요리의 가장 좋은 점은 무엇입니까?

M : 오늘은 가족 모두가 먹을 수 있는 요리입니다. 고기와 채소를 사용해 영양의 균형을 생각했습니다. 그럼 선생님, 부탁드립니다.
F : 네, 먼저 고기와 채소인데요, 모두 먹기 좋은 크기로 썰어 주세요.
M : 먹기 좋은 크기라 하면?
F : 한 입에 먹을 수 있는 크기지요. 특히 고기는 씹어서 끊을 수 있어야 하기 때문에 작게 썰어 주세요. 이가 약한 어르신들을 위해서는 저민 고기를 사용해도 좋습니다.
M : 아, 그렇군요.
F : 어린아이부터 어르신들까지 가족 모두가 함께 먹을 수 있다는 것이 이 요리의 장점입니다. 충분히 익혀 부드럽게 해주세요. 채소의 단맛이 우러나와 부드러운 맛이 됩니다.

이 요리의 가장 좋은 점은 무엇입니까?

5番 — 3-14

夫婦が、大学生の息子に荷物を送ろうとしています。荷物は、どこに送りますか。

M : あれ？ この本、どこへ送るの？ 和夫、新しいマンションに引っ越すの来週だろ？
F : そうよ。だから引っ越す前に届くように、今日送ろうと思って。
M : でも、今は荷物の整理が大変だろう。この箱も、開けずにそのまま新しいところへ運ぶことになっちゃうんじゃないか？
F : ああ、そうかもしれないわね。でも、この本、早く欲しいらしいのよ。授業で使うとか言ってたから。
M : そうなのか。あ、じゃあ、バイト先は？ 大学に近いって言ってなかったっけ。
F : そうだけど、仕事場に個人のものを送るのは、あんまりよくないでしょう。
M : ああ、それはそうだな。じゃあ、しょうがないか。

荷物は、どこに送りますか。

부부가 대학생인 아들에게 짐을 보내려 하고 있습니다. 짐은 어디로 보냅니까?

M : 어라? 이 책, 어디로 보내는 거야? 가즈오가 새 맨션으로 이사하는 게 다음 주지?
F : 그래요, 그래서 이사하기 전에 도착하도록 오늘 보내려고요.
M : 그래도 지금은 짐 정리가 큰일이잖아. 이 상자도 뜯지도 않은 채 새로운 곳으로 옮기게 되는 건 아닐까?
F : 아, 그럴지도 모르겠네요. 그래도 이 책 빨리 받고 싶은 모양이에요. 수업에서 쓴다나?
M : 그래? 아, 그럼 아르바이트 하는 곳은? 대학에서 가깝다고 하지 않았어?
F : 그렇긴 해도, 일하는 곳에 개인 물건을 보내는 건 별로 좋지 않잖아요.
M : 아, 그건 그렇지. 그럼 어쩔 수 없군.

짐은 어디로 보냅니까?

6番 — 3-15

コンビニエンスストアで、二人の店員が話しています。男の人が、午前中にする仕事は何ですか。

F : 今、橋本さんから、風邪で休みたいって電話がありました。
M : え、そうなの。じゃあ、夕方までは二人だけで店をやるってことか。
F : そういうことですね。今日は倉庫の品物の整理もあるから、結構忙しくなりますよ。
M : うん。じゃあ、倉庫のほうは僕がやるから、レジを頼めるかな。
F : はい。あ、でも、午前中はお客様が少ないから、たぶん大丈夫だと思いますけど、午後は混むから、一人じゃ無理ですよ。お客様の相手や、売り場の棚の整理ができなくなるかも。
M : わかった。じゃあ、混んできたら呼んでよ。倉庫のほうは、昼までに整理しとくから。
F : わかりました。じゃあ、できるところまで、一人でやってみます。

男の人が、午前中にする仕事は何ですか。

편의점에서 두 점원이 이야기하고 있습니다. 남자가 오전 중에 할 일은 무엇입니까?

F : 방금 하시모토 씨로부터 감기 때문에 쉬고 싶다는 전화가 왔었어요.
M : 아, 그래? 그럼 저녁까지는 둘이서만 영업을 해야 한다는 얘기인가?
F : 그렇게 되네요. 오늘은 창고 상품의 정리도 있어서 꽤 바빠질 거예요.
M : 응, 그럼 창고 쪽은 내가 할 테니 계산을 부탁해도 될까?
F : 네. 아, 그런데 오전 중에는 손님이 적으니 아마 괜찮다고 생각합니다만 오후에는 붐비니까 혼자서는 무리예요. 손님 응대와 매장 진열대 정리를 못할 지도 몰라요.
M : 알았어. 그럼 바쁘면 불러. 창고 쪽은 점심때까지 정리해 둘 테니.
F : 알겠습니다. 그럼 할 수 있는 데까지 혼자서 해 보겠습니다.

남자가 오전 중에 할 일은 무엇입니까?

問題3 🔊 3-16

1番 🔊 3-17

女の人が、テレビで話しています。

F : 友達が結婚するとき、皆さんは、お祝いに何を贈りますか。自分が好きで気に入っているものでも、相手もそれが好きかどうかはわからないし、人気のあるものなら、もう持っているかもしれません。何を選んだらいいか、迷いますよね。
　ですから私は、相手に直接、どんなものが欲しいかを聞くようにしています。プレゼントされたほうは、もらったときの驚きがなくて、ちょっとつまらないかもしれません。贈るほうも、相手の喜ぶ顔を考えながら、あれこれ選ぶ楽しみがなくなるかもしれません。でも、無駄になることがなく、結局は長く使ってもらえるので、私はそのほうがいいと思ってるんです。

女の人は、贈り物について、どんなことを話していますか。
1 どうやってびっくりさせるか
2 どこで買うか
3 どんなものを贈るか
4 何が人気があるか

여자가 TV에서 이야기하고 있습니다.

F : 친구가 결혼할 때 여러분은 축하 선물로 무엇을 줍니까? 자기가 좋아하고 마음에 드는 물건일지라도 상대방도 그것을 좋아하는지 어떤지 모르고, 인기 있는 물건이라면 이미 갖고 있을지도 모릅니다. 무엇을 고르면 좋을지 망설이게 되지요.
　그래서 저는 상대방에게 직접 어떤 것이 갖고 싶은 지를 물어봅니다. 선물 받은 쪽은 받았을 때의 놀라움이 없어서 좀 시시할 지도 모릅니다. 주는 쪽도 상대방의 기뻐하는 얼굴을 생각하면서 이것저것 고르는 즐거움이 없어질 지도 모릅니다. 그렇지만 헛됨 없이 결국에는 상대방이 오랫동안 쓸 수 있으므로 저는 그 방법이 좋다고 생각합니다.

여자는 선물에 대해서 어떤 것을 이야기하고 있습니까?
1 어떻게 놀래키는가
2 어디서 사는가
3 어떤 것을 선물하는가
4 무엇이 인기가 있는가

2番 🔊 3-18

大学で、女の教授と男の助手が話しています。

M : 雨、すごくなってきましたね。
F : そうね。大きな台風が来てるから。
M : 電車が止まるかもしれないって、ニュースで言ってましたけど。先生は、帰りは大丈夫ですか。
F : ああ、ありがとう。私はわりと近いから、タクシーでも帰れるかな。
M : あ、そうなんですか。僕は遠いからな……。タクシーじゃ帰れないよな。

男の人が一番心配していることは何ですか。
1　先生が帰れるかどうか
2　台風が来るかどうか
3　タクシーが来るかどうか
4　電車が止まるかどうか

대학에서 여교수와 남자조수가 이야기하고 있습니다.

M : 빗줄기가 거세졌네요.
F : 그러게. 큰 태풍이 오고 있으니까.
M : 전철이 (운행을) 멈출지도 모른다고 뉴스에서 그러던데요. 교수님은 댁에 돌아가실 때 괜찮으세요?
F : 아, 고마워. 나는 비교적 가까우니까 택시로라도 돌아갈 수 있을 거야.
M : 아, 그렇습니까? 저는 멀어서……. 택시로는 돌아갈 수 없어요.

남자가 가장 걱정하고 있는 것은 무엇입니까?
1 교수님이 댁에 돌아가실 수 있을지 어떨지
2 태풍이 올지 어떨지
3 택시가 올지 어떨지
4 전철이 멈출지 어떨지

3番　　　　　　　　　　　3-19

ある会社の社員が話しています。

M : わが社では、たくさんの人がアルバイトとして働いています。大学生も大勢います。うちでは、たとえアルバイトであっても、社会人としての責任をもって仕事をしてもらいます。
　　まず必要なのは、時間や約束をきちんと守れること。それに、困ったときや、何かわからないことがあったときは、すぐ先輩や社員に聞くことも大切です。周りの人と、ちゃんとコミュニケーションが取れる人。わが社では、そういう人に来てもらいたいと思っています。

アルバイトの、何について話していますか。
1　困ったときどうすればいいかについて
2　社員とアルバイトの違いについて
3　どんな人に働いてほしいかについて
4　働くときの会社の規則について

어느 회사의 사원이 이야기하고 있습니다.

M : 우리 회사에서는 많은 사람이 아르바이트로 일하고 있습니다. 대학생도 많이 있습니다. 우리 회사에서는 설령 아르바이트라 하더라도 사회인으로서의 책임을 갖고 일해야 합니다.
　　먼저 필요한 것은 시간과 약속을 잘 지킬 수 있는 것. 그리고 곤란할 때나 무엇인가 모르는 게 있을 때는 바로 선배나 사원에게 묻는 것도 중요합니다. 주위 사람과 제대로 의사소통 할 수 있는 사람. 우리 회사에서는 그런 사람이 와 주셨으면 합니다.

아르바이트의 무엇에 대해 이야기하고 있습니까?
1 곤란할 때 어떻게 하면 좋은가에 대해
2 사원과 아르바이트의 차이에 대해서
3 어떤 사람이 일해줬으면 하는지에 대해서
4 일할 때의 회사의 규칙에 대해서

問題4　　3-20
1番　　　　　　　　　　　3-21

友だちの家に行きます。地図を見ていますが、道がわかりません。何と言いますか。

1　ここに行きたいんですが、道を教えてあげますか。
2　ここに行きたいんですが、道を教えていただけますか。
3　ここに行きたいんですが、道を教えられますか。

친구의 집에 갑니다. 지도를 보고 있습니다만 길을 모르겠습니다. 뭐라고 말합니까?

1 여기에 가고 싶습니다만, 길을 가르쳐 드립니까?
2 여기에 가고 싶습니다만, 길을 가르쳐 주시겠습니까?
3 여기에 가고 싶습니다만, 길을 가르칠 수 있습니까?

2番　　　3-22

来週、アルバイトを休みたいと思っています。何と言いますか。

1 来週、休ませていただきたいのですが。
2 来週、休ませたいので、よろしくお願いします。
3 来週、休んでもらえませんか。

다음 주에 아르바이트를 쉬고 싶습니다. 뭐라고 말합니까?

1 다음 주에 쉬고 싶습니다만.
2 다음 주에 쉬게 하고 싶으니 잘 부탁합니다.
3 다음 주에 쉬지 않으시겠습니까?

3番　　　3-23

教授が研究室を片付けています。先生を手伝いたいと思います。何と言いますか。

1 先生、手伝ってあげましょうか。
2 先生、手伝ってほしいですか。
3 先生、お手伝いしましょうか。

교수님이 연구실을 정리하고 있습니다. 교수님을 돕고 싶습니다. 뭐라고 말합니까?

1 교수님, 도와드릴까요?(실례되는 표현)
2 교수님, 도와주었으면 합니까?
3 교수님, 도와드릴까요?

4番　　　3-24

あなたはデパートの店員です。お客様が入ってきました。何と言いますか。

1 いらっしゃいませ。どうぞ、ごゆっくりしていただけませんか。
2 いらっしゃいませ。どうぞ、ごゆっくり見てもらっていいです。
3 いらっしゃいませ。どうぞ、ごゆっくりごらんください。

당신은 백화점 점원입니다. 손님이 들어왔습니다. 뭐라고 말합니까?

1 어서 오세요. 편안히 쉬어 주시겠습니까?
2 어서 오세요. 천천히 봐 주셔도 됩니다.
3 어서 오세요. 천천히 둘러보세요.

問題5　　3-25

1番　　　3-26

F：ちょっとスーパーに行ってきてくれない？
　1　いいよ。何買うの？
　2　うん。まだ行ってないよ。
　3　もう帰っちゃったよ。

F : 슈퍼에 좀 갔다 와주지 않을래?
1 좋아, 뭐 사?
2 응, 아직 안 갔어.
3 이미 집에 왔어.

2番　　　3-27

M：さっきから、30分も待ってるんですけど。
　1　申し訳ございません。ここで待たせていただきます。
　2　申し訳ございません。早く出てください。
　3　申し訳ございません。もう少しお待ちください。

M : 아까부터 30분이나 기다리고 있었는데요.
1 죄송합니다. 여기서 기다리겠습니다.
2 죄송합니다. 빨리 나와주세요.
3 죄송합니다. 조금만 더 기다려 주십시오.

3番　　　3-28

F：すみません、この席、空いてますか。
　1　いえ、込んでます。
　2　いえ、閉まってます。
　3　いえ、人が来ます。

F : 실례합니다. 이 자리 비어 있습니까?
1 아니요, 붐빕니다.

2 아니요, 닫혀 있습니다.
3 아니요, 사람이 올 거예요.

4番 — 3-29

M：ちょっと、その黄色いファイル、取ってくれる？
1　これですか？　取ってやりましょう。
2　これですか？　はい、どうぞ。
3　これですか？　取ってもいいですよ。

M：저기, 그 노란색 파일 집어줄래?
1 이것 말인가요? 집어줍시다.
2 이것 말인가요? 네, 여기요.
3 이거 말인가요? 가져가도 됩니다.

5番 — 3-30

F：失礼ですが、どちらさまでしょうか。
1　あちらが山田さんです。
2　山田と申します。
3　山田さんのほうにいます。

F：실례지만, 어디십니까?
1 저쪽이 야마다 씨입니다.
2 야마다라고 합니다.
3 야마다 씨 쪽에 있습니다.

6番 — 3-31

M：今日の宿題やらなきゃ。
1　そうだね。早くやったほうがいいよ。
2　そうだね。早くやったね。
3　そうだね。早くやるつもりだったよ。

M：오늘 숙제 해야 돼.
1 그래, 빨리 하는 편이 좋아.
2 그래, 빨리 했네.
3 그래, 빨리 할 생각이었어.

7番 — 3-32

F：出張の報告書、もう出しましたか？
1　すぐに、出してません。
2　まだ、出してません。
3　もう、出してません。

F：출장보고서, 벌써 내셨어요?
1 곧 내지 않았습니다.
2 아직 내지 않았습니다.
3 이미 내지 않았습니다.

8番 — 3-33

M：田中さんが都合が悪いのなら、私が行きましょうか。
1　じゃあ、田中さんも一緒に行きましょう。
2　それなら、だれか行ってくれますか。
3　それじゃあ、お願いします。

M：다나카 씨가 상황이 여의치 않으면 제가 갈까요?
1 그럼 다나카 씨도 같이 갑시다.
2 그렇다면 누군가 갔다 옵니까?
3 그럼 부탁합니다.

9番 — 3-34

F：ピアノの先生に、毎日5時間、練習するようにって言われたよ。
1　厳しい先生だね。
2　楽しかっただろうね。
3　ピアノ、上手なんだね。

F：피아노 선생님이 매일 5시간 연습하라고 말씀하셨어요.
1 엄격한 선생님이군.
2 재미있었을거야.
3 피아노 잘치네.